KB081700

창의와 융합 리더십
한 학기 한 권 II

– 공동체 편 –

한 학기 한 권II_ 공동체편

2018년 10월 29일 초판 1쇄 인쇄
2018년 11월 03일 초판 1쇄 발행

지은이 최혜림
펴낸이 박호식
편집/디자인 유경주
펴낸곳 호연글로벌
서울시 강남구 압구정로 20길 15 금호빌딩 301호

대표번호 02-549-7501
팩스번호 02-549-7431
홈페이지 www.thesageleadership.com
학교 및 단체 교재 문의 02-549-7501

ISBN 979-11-960662-3-9 43370

이 도서의 국립중앙도서관 출판예정도서목록(CIP)은 서지정보유통지원시스템 홈페이지(http://seoji.nl.go.kr)와 국가자료공동목록시스템(http://www.nl.go.kr/kolisnet)에서 이용하실 수 있습니다. (CIP제어번호 : CIP2018033502)

창의와 융합 리더십

한 학기 한 권 II

– 공동체 편 –

프롤로그

인공지능 시대가 와도 독서라는 불변의 진리

– 뇌라는 바다, 전두엽의 비밀

현재의 시대는 창의적이면서 융합적 능력을 갖춘 인재를 원한다. 인공지능과 로봇이 세상을 변화시킬 4차 산업혁명 시대를 앞두고 미국과 유럽의 학교에서는 오히려 휴대폰 사용을 금지하고 공공도서관을 늘리며 독서 권장 교육을 강화하고 있다. 독서는 우리의 모든 뇌를 자극하여 창의성과 성찰력을 강화시키는 가장 적은 비용의 투자로 가장 높은 가성비를 제공하는 최고의 교육 방법이기 때문이다.

일본의 뇌과학자인 가와시마 류타(川島隆太) 교수에 의하면 TV나 비디오를 보고 있을 때 뇌는 그냥 쉬는 방향으로 작동한다. 우리의 뇌는 그림이나 사진 영상이 있으면 뇌의 정보 처리가 그림 쪽에 집중되어 글자를 제대로 처리하지 못한다. 독서가 중요한 이유는 책을 읽으면 우수한 전두엽이 형성되기 때문이다. 전두엽이 발달되면 성찰을 통한 올바른 판단을 할 수 있게 됨은 물론, 의사결정력, 문제 해결 능력이 강화된다는 사실이다. 전두엽 발달은 생각의 힘을 개발시키는 일이기 때문에 창의성, 인성 개발뿐만 아니라 진로탐색과도 밀접한 연관이 있다.

요즘은 정보의 홍수 시대라고 해도 과언이 아니다. 정보를 암기하여 나열하는 능력은 더 이상 실력으로 인정받을 수 없다. 1차 정보를 바탕으로 이해하고 응용하여 새로운 2차, 3차 콘텐츠를 제작하고 전달하는 새로운 차원의 능력을 요구하고 있다. 책을 읽고 깊게 생각하고 성찰하여 실천할 동기를 자극하는, 제대로 된 독서훈련이 어느 때보다 절실해졌다.

우리나라에서 독서훈련이 제대로 되지 않는 이유는 무엇일까?

첫째, 과도한 컴퓨터와 휴대폰 사용 허용: 미국의 보스톤대학교 연구팀은 아이들에게 책을 읽어 주면 인지 능력이 향상되고 나중에 학교에서도 뛰어난 학습 능력을 보인다고 밝혔다. 왜 빌 게이츠는 자신의 자녀가 초등학생이었을 때 휴대폰 사용을 금지했을까? 어린 시절 독서와 사색을 통한 인지 능력은 전두엽을 발달시킨다. 자기조절능력과 지구력을 키우고 싶으면 어린 시절부터 체계적으로 독서를 습관화해야 한다

둘째, 자기주도적이지 않은 의무적 독서교육 : 학생들이 스스로 자신이 읽고 싶은 책의 목록을 선정하기보다 부모나 학교에서 선정한 교과서 독서리스트를 통해 억지로 독서를 했으므로 즐거울 수가 없다. 독서가 마음의 양식이 되고, 지적 호기심을 채워 주기보다 대학을 가기 위한 스펙의 도구로 여겨져 왔다.

셋째, 수준별 독서교육 콘텐츠의 부족 : 독서 교육은 흥미를 유도하여 읽기에 저항이 없도록 설계되어야 한다. 굳이 어려운 도서를 선정하기보다 아이들의 호기심과 인지 수준에 알맞은 도서를 선택해야 한다. 아이들의 인성과 창의성으로 연계되는 독서 교육 콘텐츠가 중요해졌다.

넷째, 디지털 시대의 디지털 문맹 현상 : 우리 아이들은 현재 짧은 글을 읽고 소화하는 시대에 살고 있다. 이미지와 동영상 기반의 매체 속도의 논리에 따라 움직이는 현대 사회의 요구에 부응하기 위해 커뮤니케이션 속도도 점차 빨라지고 있다. 유투버의 구독자 조회 수, SNS의 친구 수와 좋아요 숫자로 결론 짓는 디지털 시대의 빠른 성취욕 때문에 사람들이 많은 시간을 들여 성취하는 느린 독서의 중요성을 간과하고 있다.

– 골든벨을 없애야 할 골든 타임

내가 가르치는 학생들은 평균 20년 이상을 모범생으로 생활한 일류 대학교 엘리트집단이다. 하지만 그들은 자기 탐색에 어려움을 겪고 있으며 자신의 강점을 파악하기 힘들어한다. 당연히 인생의 '꿈'은 없다. 공부 이외의 남다른 경험도 없고, 스스로 자신에 대한 성찰 없이 취업을 앞두고 진로에 대해 방황한다. 나는 이 과정에서 수많은 대학생이 좌절의 눈물을 흘리는 것을 보았다.

나는 내 학생들에게 미국의 중·고생이 참여하는 '로봇 배틀' 동영상을 보여준 적이 있다. 로봇을 만들어서 경기에 참여한 한 고등학교 학생이 "나는 이 일이 너무 재미있고 신나서 내

가슴을 뛰게 한다"면서 "이 기술을 더 발달시키기 위해 대학에서 토목공학이나 재료공학을 전공할 예정"이라며 흥분하여 말한다. 대학에 있는 내 학생들의 표정이 순간 어두워진다. 그들의 진로에 대한 명확한 목표의식이 너무도 부럽기 때문이다.

나는 다양한 경험과 독서의 간접 경험을 통해 내면의 성장이 이루어져야 진로를 제대로 꿈꿀 수 있다는 사실을 절감하게 되었다. 나는 우리의 청소년들이 생각의 '힘'을 배양하여 자기 성장의 '주체'가 되도록 지원해 주고 싶다. 앞으로는 자기주도적 평생공부를 통해 자신의 전문성의 외연을 확대할 수 있는 능력의 소유자만이 생존할 수 있기 때문이다.

나는 초등학교 때 장래 희망이 외교관이었고, 대학생 때는 특파원의 직업을 동경했다. 그 후 꾸준한 독서를 통한 자기 성찰과 나의 역량에 대한 주변의 피드백을 참고하여 오늘날 교수와 컨설턴트와 작가로 나의 인생의 '맞춤길'을 걸어 나가고 있다.

요즘 아이들은 매스컴에 나오는 연예인과 요리사, 부모님이 인정하는 안정된 직업군을 자신의 적성과 상관없이 피상적으로 막연하게 희망한다. 아이들은 나처럼 여러 번 자신의 꿈이 바뀔 것이다. 요즘 아이들이 현재 꿈꾸는 직업이 미래에는 사라져 있을 수도 있다. 중요한 것은 자신과 세상을 잇는 직업에 대한 환상이 아닌 탐구력이다. 자신의 적성과 역량을 발전시켜 시대의 변화에 따라 자신에게 맞는 직업을 스스로 계발시킬 수 있는 능력이 요구되고 있다. 탐구력은 깊은 사고력에서 출발한다.

『생각하지 않는 사람들(The Shallows)』의 저자인 니컬러스 카(Nicholas Carr)는 인터넷이 우리를 생각하지 못하는 얄팍한 사람들로 만들어가고 있으며 구글이 우리를 바보로 만들고 있다고 말했다. 그리고 글을 읽지 않으면 뇌가소성에 따라 쇠퇴되어 인간의 뇌는 다른 구조를 형성할 것이라고 전망했다. 인간이 만물의 영장인 이유는 바로 언어의 사용에 있다. 디지털 시대 읽기와 쓰기의 쇠락을 어떻게 대처할 것인가 그리고 어떻게 생각하는 힘을 길러 줄 것인가가 교육자들에게 닥친 당면 숙제다.

나는 디지털 시대에 맞는 이전과 다른 즐거운 독서 수업 콘텐츠의 필요성을 절감하고 있다. 앞으로의 시대는 지식의 양보다는 지식의 질이 깊이로 이어져 사고의 양으로 확장되어야 하며, 반복적 암기력과 문장 이해력 수준만으로 학습 능력을 평가해서는 안 되기 때문이다. 우리의 아이들이 암기왕 골든벨 대회나 다독의 독서왕의 권좌에서 벗어나게 되기를 바란다.

나는 우리 아이들이 행복하면 좋겠다. 자신에 대해 알고 세상의 진리를 깨달으면서 '나'의 소중함과 '우리'라는 공동체의 중요성을 동시에 느끼게 해 주고 싶다. 책에서 암시하는 개념과 원리를 실생활에 응용하고, 작가와의 간접 만남을 통해 자신만의 독창적이고 창의적인 '생각의 틀'을 마련하게 되기를 바란다. 4차 산업혁명 시대를 앞두고 비판적 사고를 바탕으로 문제 해결 능력을 키워주고 창의력을 심어주는 일은 국가 경쟁력과 직결된다고 해도 과언이 아니다.

– 블룸의 분류학으로 가능한 여섯 가지 슬로우 리딩법

이 책은 통합적 사고를 할 수 있는 인재 육성을 위해 벤자민 블룸(Benjamin Bloom)의 분류학 수정본에 맞추어 설계되었다. 블룸에 따르면 창조의 고차원적 사고를 위해 기억, 이해, 응용, 분석, 평가의 단계를 거친다. 그동안 우리의 교육은 암기와 이해 위주의 저차원적 사고에 치중해왔다. 앞으로 중요한 것은 독서를 통해 고차원적 사고력을 확장시켜 비판적 사고 능력과 창의적 사고력을 촉진하는 일이다.

책 읽기가 더 이상 교과서가 아닌 '친구'가 되는 날, 학생들은 독서를 즐기게 될 것이다. 이 책이 독서란 지루한 '공부'가 아닌 즐거운 '놀이'의 도구로 쓰이게 되길 희망한다. 이 독서 교재가 사고의 영역을 확장시켜 고차원적 사고를 할 수 있는 인재를 육성하는 데 조금이나마 도움이 되기를 기원해 본다. '참' 독서는 진정한 '만남'이 우선이고, 발견과 의미를 통한 깨달음의 '실천'이다.

미국의 33대 대통령을 지낸 해리 트루먼은 "모든 독서가가 리더는 아니지만, 모든 리더는 독서가다"라고 말했다. 스스로 성찰하여 '꿈'을 진로로 만들어 나가는 '독서가' 청소년들이 인성과 창의성을 동시에 얻게 될 것이며, 훗날 사회에 유익한 '리더'로 성장할 것이다.

2018년 10월

최 혜 림

블룸의 분류학(Bloom's taxonomy)

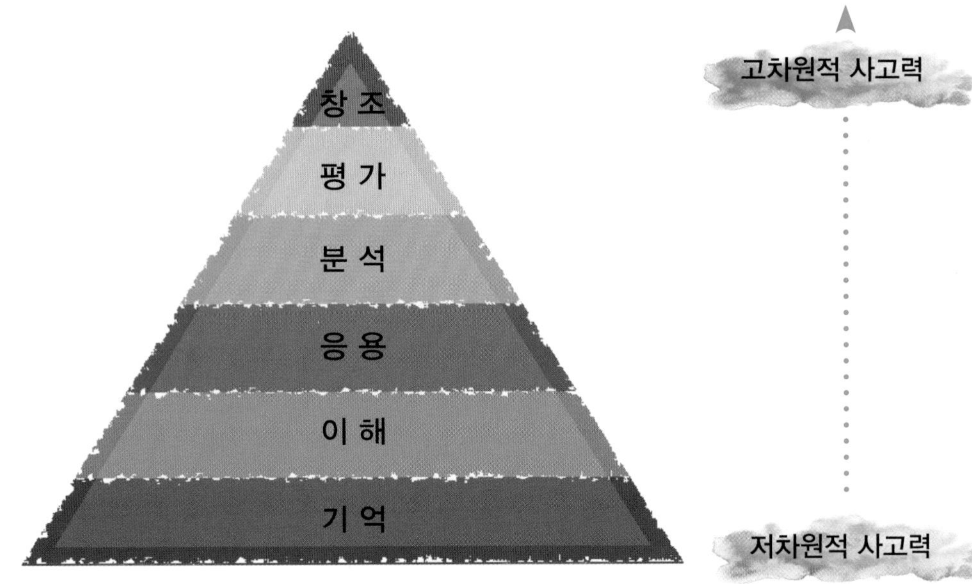

창조(Create) : 설계, 제작, 발명, 계획, 창안, 만들기

평가(Evaluate) : 확인, 가설, 비평, 판단, 시험

분석(Analyze) : 비교, 구조화, 속성 파악, 체계화, 통합

응용(Apply) : 실행, 시행, 수행

이해(Understand) : 분류, 비교, 추론, 예시, 주석, 요약, 해석, 설명

기억(Remember) : 인지, 열거, 묘사, 찾기, 검색, 배치

4차 산업혁명 시대의 창의적인 인재에 대한 중요성이 대두되면서 교육 과정 역시 변화를 요구하고 있다. 21세기형 인재를 원한다면 부모나 교사 역시 21세기형 학습 과정을 준비해야 한다. 앞으로의 시대는 단순한 암기와 이해 수준의 전통적 교육방식을 넘어서 다양한 정보와 지식을 응용· 분석·평가하여 종합하는 열린 교육의 단계를 지향하고 있다. 저차원적 사고에서 점차 고차원적 사고로 발전시키는 과정 속에서 탐구력과 융·복합적 사고력이 생성된다. 다시 말해 창의력은 지식의 통찰을 바탕으로 통합될 때 생겨난다. 이 책은 블룸의 분류학을 활용한 슬로우 리딩 실습서다. 독서를 기반으로 다양한 활동을 통해 자신의 진로를 즐겁게 창조해 나가는 청소년 리더들을 기대해 본다.

목 차

공동체편 : 성숙하고 정의로운 시민의식

사람은 무엇을 위해 존재하는가?
공동체에서 필요한 시민의식은 무엇인가?
민주주의가 추구하는 가치관은 무엇인가?

I

사람은 무엇으로 사는가?

행복한 공동체 사회

레프 톨스토이(1828년 9월 9일~1910년 11월 20일)

톨스토이는 19세기 러시아 문학을 대표하는 러시아의 소설가이자 시인, 개혁가, 사상가이다. 『전쟁과 평화』, 『안나 카레니나』, 『부활』 등이 그의 대표작으로 러시아 문학과 정치에 지대한 영향을 끼친 세계적인 대문호이다.

톨스토이는 인생의 의미와 목적에 대해 고민하면서 정신적인 위기를 맞는다. 인간으로서의 도덕성에 관심을 가지면서 러시아 정교의 권위를 부정하고 자신의 교회 사상을 발전시켜 나갔다. 또한 순수한 농민들의 일상과 생활을 동경하면서 재산과 영지를 포기하고 스스로 농부처럼 일하는 금욕적인 삶을 선택했다

톨스토이는 작가 후기, 러시아 민화에 관심을 가졌고 성경적 진리를 일깨워주는 수많은 단편소설을 썼다. 기독교 윤리를 바탕으로 농민적 무정부주의, 악에 대한 무저항 정신으로 대변되는 그의 사상은 톨스토이즘을 불러일으키기도 했다. 착한 사람은 복을 받고 악한 사람은 벌을 받는다는 권선징악적 교훈을 다루고 있는 그의 단편소설은 물질 만능주의 시대에 믿음을 통한 사랑의 실천으로 신의 가르침을 따르라는 톨스토이 철학을 반영하고 있다.

• 작가에 대해 조사를 해 본 후 내가 생각하는 톨스토이는 어떤 사람인지 의견을 나누어 보자.

• 톨스토이가 작품 활동을 한 당시의 시대적 배경을 조사해 보자. 그의 작품과 시대적 배경의 연관성에 대해 조사해 보자. (예 : 크림전쟁, 농노제 해방)

• 톨스토이는 말기에 농노제 폐지를 주창하고 농민학교를 개설하는 등 농민 계몽에 힘쓴다. 그가 추구하는 이상은 무엇이었나?

• 톨스토이의 종교적 사상인 톨스토이즘에 대해 조사해 보자. (예: 행복한 공동체 사회)

1단계 기억력

〈사람은 무엇으로 사는가〉

- 『사람은 무엇으로 사는가』의 첫머리는 요한 1서의 성경 글귀들로 시작한다. 공통된 주제어는 무엇인가?

- 구두장이 세몬이 2년 동안 돈을 모아 사려고 한 것은?

- 미하일의 정체는?

• 마차를 타고 온 신사가 독일산 가죽으로 요구한 것은 무엇인가?
그리고 미하일이 만든 것은?

• 미하일은 미소를 세 번 짓는다. 언제인가?

첫 번째

두 번째

세 번째

• 미하일이 세몬과 마트료나의 모습에서 느낀 것과 볼 수 있었던 것은 무엇이었나?

• 미하일이 깨달은 인간이 하나님 안에 살고, 하나님 또한 그 사람 안에 사는 길은 어떤 삶인가?

〈사랑이 있는 곳에 신도 있다〉

- 구두장이 마르틴에게 언제나 일감이 끊기지 않은 이유는 무엇인가?

- 아내에 이어 아들마저 병으로 세상을 떠난 후 원망으로 가득했던 마르틴이 어떻게 마음의 안정을 찾았는가?

- 마르틴은 잠결에 "기다려라. 내가 내일 갈 것이다."라는 말을 듣는다. 그는 혹여 주님이 오실까 기다리게 된다. 마르틴의 귀에 대고 "그 사람이 나였다"라고 말하고 사라진 사람들은 누구인가?

〈사람에게는 얼마나 많은 땅이 필요한가?〉

- 바시키르 촌장이 바흠에게 땅을 파는 조건은?

- 바흠은 새벽녘에 깜박 잠이 든다. 어떤 꿈을 꾸었는가?.

〈촛불〉

• 반장은 부활절 날 불평 없이 밭을 가는 미허예프가 특이하고 예사롭지 않았다고 관리자 미하일에게 말했다. 그는 어떻게 남달랐는가?

〈세 가지 질문〉

• 왕이 큰 상을 내리겠다고 온 나라에 선포한 세 가지 질문은 무엇인가?

첫 번째

두 번째

세 번째

• 왕의 세 가지 질문에 대한 은자의 답변은 무엇인가?

첫 번째

두 번째

세 번째

〈바보 이반〉

- 옛날 어느 한 마을의 부자 농부에게 세 아들과 딸 하나가 있었다. 세 아들과 딸이 하는 일은 무엇인가?

- 큰형 세몬을 맡은 작은 도깨비가 세몬 군대에 들어가 한 일은 무엇이었나?

- 이반이 세 작은 도깨비들을 발견하여 내동댕이치려 하자 도깨비들이 살려 달라고 하면서 그에게 선물을 준 것은 무엇인가?

세몬을 맡은 도깨비

타라스를 맡은 도깨비

이반을 맡은 도깨비

• 이반은 어떤 병도 고칠 수 있는 뿌리 세 개를 누구를 위해 어떻게 사용했는가?

• 공주의 병은 어떻게 낫게 되었는가?

• 두 형을 해치운 큰 도깨비가 이반에게 찾아온다. 도깨비는 누구로 둔갑하는가?

• 이반의 궁궐에서 일하는 여동생 말라냐는 어떤 방식으로 사람들에게 식사를 대접하는가?

• 큰 도깨비는 이반의 나라 사람들이 왜 바보라고 했는가?

〈노동과 죽음과 병〉

- 신이 노동과 죽음과 병을 통해 인간 세상에 기대한 것은 무엇이었나?

노동 ____________________

____

죽음 ____________________

____

병 ____________________

____

- 신은 사람들이 고통을 통해 알아서 깨닫게 했다. 그렇게 내버려진 인간들은 노동과 죽음 그리고 병에 대해 어떤 깨달음을 얻게 되었는가?

노동 ____________________

____

죽음 ____________________

____

병 ____________________

____

〈불을 놓아두면 끄지 못한다〉

- 이 단편소설은 〈마태복음〉18장 21~35절로 시작된다. 이 성경 구절의 핵심어는 무엇인가?

- 아버지 시절에 사이가 좋던 이반과 가브릴로 집안이 사이가 벌어지게 된 발단은 무엇인가?

- 이반과 가브릴로 집안은 어떤 일들로 고소하고 재판을 받았는가?

- 이반의 며느리가 가브릴로에게 말을 훔치다 들키지 않았느냐고 소리를 질러 망신을 주자 그는 화를 참지 못하고 이반의 며느리를 주먹으로 친다. 그는 재판소에서 어떤 선고를 받았는가?

- 이반 아버지의 유언은 무엇이었나?

〈두 노인〉

• 예핌과 예리세이의 직업은 무엇인가?

예핌

예리세이

• 예핌과 예리세이가 함께 떠나는 여행 목적과 그 종착지는 어디인가?

• 예핌과 예리세이는 어떻게 여행 경비를 마련했는가?

〈대자〉

• 대자와 대부 대모의 관계에 대해 알아보자.

• 대자는 대부가 가르쳐준 대로 숲을 지나간다. 그곳에서 본 곰의 행동에 대해 묘사해 보자.

- 대자는 대부가 들어가지 말라고 한 방에 들어가서 자신이 살던 세상을 보게 된다. 아버지, 대모, 어머니의 삶에서 보인 것은 무엇이었으며 그가 어떻게 개입했는지 기억해 보자.

아버지 ______________________________

____

____

____

대모 ______________________________

____

____

____

어머니 ______________________________

____

____

____

• 대자가 저지르게 된 세 가지 잘못은 무엇인가?

첫 번째 잘못 ______________________________

____

____

두 번째 잘못 ______________________________

____

____

세 번째 잘못 ______________________________

____

____

• 밭을 뛰어다니는 송아지를 보고 대자가 농부들에게 해 준 말은? 그리고 그가 얻은 교훈은 무엇인가?

____

____

____

____

• 숲속 작은 집의 노인은 숯덩이를 땅에 반쯤 파묻으라고 하면서 대자에게 할 일을 일러 준다. 첫 번째 숯, 두 번째 숯, 세 번째 숯에 어떻게 하라고 일러 주었는가?

____

____

____

____

2단계 이해력

〈사람은 무엇으로 사는가〉

- 미하일을 돕지 않으려던 세몬과 그의 아내 마트료나가 마음을 바꾸게 된 이유를 설명해 보자.

- 미하일이 하나님으로부터 벌을 받아 인간 세상에 떨어진 과정을 요약해 보자.

- 하나님은 미하일에게 세 가지 진리를 깨닫고 하늘로 돌아오라고 말했다. 하나님의 세 가지 질문은 무엇이며, 미하일의 깨달음은 무엇인가?

〈사람은 얼마나 많은 땅이 필요한가〉

• 내용을 기승전결로 나누어 요약해 보자. 이 글이 주는 교훈은 무엇인가?

– 교 훈 –

 〈촛불〉

지주가 농노를 지배하던 시절의 이야기다. 지주들 가운데에는 별의별 사람이 다 있었다. 인간은 언젠가 죽는다는 사실과 하나님을 기억하면서 농노를 가엾게 여기는 지주들이 있는가 하면 인정이라고는 조금도 없는 지주들도 있었다. 하지만 그들보다 더 악랄한 자들은 농노 출신 관리인, 말하자면 보잘것없는 출신으로 귀족 대열에 오른 사람들이었다! 이런 자들 때문에 농노들의 삶은 더욱 힘겨워졌다.

- 인간은 언젠가 죽는다는 사실과 하나님을 기억한다는 것은 인생을 사는 데 어떤 도움을 주는가?

- 농노 출신 관리인들이 더 악랄하게 농노들을 괴롭히는 심리는 무엇일까?

'배신하면 안 돼, 배신하면 안 돼, 다 같이 뭉쳐서 맞서야 돼!'라고 떠들다가 막상 매가 나타나니까 숲으로 달아나버리는 참새 떼랑 뭐가 달라. 그러니까 매는 한 마리만 노렸다가 잡아채 가는 거지. 그러고 나면 참새들이 다시 나와 짹짹거리지.

• 매가 상징하는 것은?

• 참새가 상징하는 것은?

• 참새를 통해 본 인간의 속성은 무엇인가?

미하일은 웃음을 멈추고 기타를 내려놓더니 고개를 푹 숙이고 생각에 잠겼다. 그렇게 한참을 앉아 있더니 반장과 하녀를 물러가게 하고 커튼 뒤로 가 침대에 누워 한숨 섞인 신음 소리를 냈는데, 꼭 곡식단이 실린 수레를 끌고 가는 소리 같았다. 아내가 들어가 무슨 일인지 물어도 미하일은 대답은 하지 않고 그저 이렇게만 말했다.

"그놈이 나를 이겼어! 이제 내 차례가 온 거야!"

- 미하일이 미허예프가 자신을 이겼다고 말하는 이유는?

- '내 차례가 온 거야'가 암시하고 있는 것은?

- 반장은 미하일에게 "표트르 미허예프가 부활절에 쟁기를 잡고 일을 하는데 방향을 바꾸고 쟁기를 뒤집어도 거기에 놓인 촛불이 꺼지지 않는다."고 말했다. 여기서 촛불이 의미하는 것은 무엇이고 왜 꺼지지 않는지 생각해 보자.

〈바보 이반〉

• 이반은 큰형 세몬과 둘째 형 타라스에게 더 이상 군사와 금화를 만들어 주지 않는다. 그 이유는 무엇인지 설명해 보자.

• 이반 삼 형제는 왕이 되어 나라를 다스렸다. 각각의 나라에서 통치의 수단이 되는 권력은 무엇이며 어떤 사회를 지향하고 있는가?

삼 형제	통치 권력과 사회
세몬의 나라	
타라스의 나라	
이반의 나라	

• 각각의 나라를 다스리고 있는 삼 형제를 본 큰 도깨비는 약이 올라 견딜 수 없었다. 큰 도깨비는 세몬과 타라스를 어떤 방식으로 해치웠는가? 그 방법이 성공한 이유는 무엇인가?

• 두 형을 해치운 큰 도깨비가 이반을 이기기 위해 취한 방법은 왜 성공적이지 못했을까?

이반의 나라에는 딱 한 가지 관습이 있다. 손에 굳은살이 박인 사람은 식탁에 앉아 식사를 하지만 굳은살이 없는 사람은 남이 먹고 남긴 음식을 먹어야 한다는 것이다.

- 위의 문장을 통해 이반은 어떤 노동 철학을 가지고 있다고 생각하는가?

- 이반이 군사나 금화보다 땀 흘려 일하는 농부의 삶에 가치를 두는 이유는 무엇인가?

- 『바보 이반』에서 암시하는 여러 가지 교훈을 자유롭게 써 보자.

〈불을 놓아두면 끄지 못한다〉

"이반, 미루지 말고 당장 가거라! 불은 번지기 전에 꺼야 한다. 안 그러면 손을 쓸 수 없게 돼."

- 이반의 아버지 노인은 아들 이반을 반성하게 하기 위해 충고를 한다. 다음의 문장은 무엇을 암시하는지 설명해 보자.

〈두 노인〉

• 예핌과 예리세이는 집에서 어떤 유형의 가장인지 그들의 자녀 양육방식을 비교해 보자. 어떤 점에서 차이를 보이는가?

예 핌	예리세이

• 물이 마시고 싶은 예리세이는 예핌과 헤어져 어느 농가에 들어간다. 예리세이가 죽어가는 그 집 가족을 위해 한 일을 요약·정리해 보자.

예리세이는 여자들이 자기를 칭찬하는 소리를 듣고는 젖소 사는 걸 포기하고 주막으로 다시 가서 말 값을 치렀다. 그리고 말을 수레에 매고 밀가루를 싣고 집으로 가 문 앞에서 내렸다.

- 예리세이는 자기를 칭찬하는 소리를 듣고 젖소를 사려는 마음을 포기하고 밤에 허겁지겁 마을을 떠난 이유는 무엇일까?

'그렇게 해서 예리세이가 나를 앞질렀던 거구나! 하나님이 나의 고행을 받아들이셨는지는 모르겠지만 그 친구의 고행은 기쁘게 받으신 거야!'

"몸은 순례를 다녀왔지만 내 영혼도 다녀온 건지는 잘 모르겠어. 다른 사람 영혼이 다녀온 건지도 모르겠고…."

- 예핌이 한 말의 의미를 해석해 보자.

여행은 어땠는지, 예핌과는 왜 헤어지게 되었는지, 어째서 예루살렘에 가지 않고 되돌아 왔는지 물었다. 하지만 예리세이는 자세한 대답은 하지 않고 그냥 이렇게만 말했다.

"아무래도 내가 예루살렘에 가는 건 주님의 뜻이 아니었던 모양이야. 가는 길에 돈을 잃어버리고 친구도 놓쳤거든. 그래서 갈 수가 없었어. 다 내 잘못이지!"

- 예리세이가 예루살렘에 가는 건 주님의 뜻이 아니었다고 말하는 이유는?

- 예리세이가 돈을 잃어버리고 친구도 놓쳤으며, 모두 자신의 잘못이라고 말하는 이유는?

참배자들은 모두 그곳에 모인 뒤 남자와 여자 따로 나뉘어 신발을 벗고 둥글게 둘러앉아야 했다. 그러자 한 신부가 수건을 들고 나와 사람들 발을 씻겨 주었다. 그는 한 사람씩 차례로 모두의 발을 씻기고 닦은 뒤 입을 맞추었다.

- 천주교에서는 위의 의식을 무엇이라고 부르는가?

- 위의 의식의 유래는?

- 위의 의식의 의미는 무엇인가?

- 예핌은 여인숙에서 사제복을 입은 순례자를 만나 그 인연으로 함께 여행을 한다. 그 순례자는 숙소에 돌아와 지갑을 도둑맞았다고 소리지른다. 그날 밤 순례자는 숙소에 오지 않았다. 그는 실제로 도둑을 맞았을까 아니면 거짓말을 하는 것일까? 그리고 그날 밤 왜 떠나갔을까? 순례자는 어떤 인물인지 추론해 보자.

예핌이 이런 생각을 하는데 그 자그마한 노인이 기도를 시작했다. 그리고 정면의 그리스도를 향해 한 번, 다음에는 양옆 러시아 정교 사람들을 향해 각각 한 번, 이렇게 세 번 고개를 숙였다. 노인이 오른쪽으로 고개를 돌리는 순간, 예핌은 그를 알아보았다. 시커멓고 곱슬곱슬한 턱수염과 희끗희끗한 구레나룻, 눈썹, 두 눈과 코, 모든 모습에 예리세이가 분명했다. 틀림없이 예리세이였다!

- 실제로 예핌은 예리세이를 보았을까?

- 예핌이 본 것은 무엇일까?

- 예핌이 집으로 돌아가는 중에 예리세이가 물을 얻어 마시려고 머물렀던 마을에 들르게 되었다. 예리세이의 도움을 받은 가족이 그를 통해 얻은 교훈은 무엇이며, 그들의 삶은 어떻게 변화했는가?

- 예핌은 돌아오는 길이 예리세이가 머물렀던 집에 대한 이야기를 꺼내자 예리세이는 모든 것이 하나님의 뜻이라고 하면서 말머리를 돌린다. 말머리를 돌린 이유는?

"그렇게 해서 예리세이가 나를 앞질렀던 거구나! 하나님이 나의 고행을 받아들이셨는지는 모르겠지만 그 친구의 고행은 기쁘게 받으신 거야!"

"몸은 순례를 다녀왔지만 내 영혼도 다녀온 건지는 잘 모르겠어. 다른 사람 영혼이 다녀온 건지도 모르겠고…"

- 실제로 예리세이가 예핌을 앞지른 것인가?

- 하나님이 친구의 고행을 더 기뻐하신 이유는?

- "몸은 순례를 다녀왔지만 내 영혼도 다녀온 건지는 잘 모르겠어. 다른 사람 영혼이 다녀온 건지도 모르겠고…"는 어떤 의미로 한 말인지 해석해 보자.

〈대자〉

- 대부가 대자에게 그의 세 가지 잘못은 곰의 사건과 똑같다고 말한다. 어떤 의미를 가지고 있는지 설명해 보자.

- 대자는 강도를 만나면서 숯덩이 세 개에서 사과나무 움이 나오게 된다. 어떠한 계기로 숯덩이에 사과나무 움이 나오게 되었는가? 그리고 대자가 얻은 교훈은?

  첫 번째 숯

  두 번째 숯

  세 번째 숯

3단계 응용력

〈어휘 응용〉

스테파니치가 돌아간 뒤 마르틴은 남은 차를 따라 마시고 그릇을 치웠다. 그러고는 다시 일감을 잡고 구두 뒤축을 수선했다. 일을 하면서도 연신 창 밖을 내다보면서 그리스도를 기다리고 그리스도의 **행적**을 생각했다. (사랑이 있는 곳에 신도 있다)

- '행적'의 뜻을 찾아 적어 보자.

- '행적'을 사용하여 문장을 완성해 보자.

마르틴이 창문으로 여자를 올려다보았다. 처음 보는 얼굴이었다. 허름한 **행색**의 여자는 품에 아기를 안고 있었다. 바람을 등지고 서서 아기를 감싸주려고 했지만 변변히 감싸줄 게 없었다. 여름옷을 걸쳤는데 그나마도 낡고 해졌다. (사랑이 있는 곳에 신도 있다)

- '행색'의 뜻을 찾아 적어 보자.

- '행색'을 사용하여 문장을 만들어 보자.

농민들은 부역을 하고 있었는데, 땅과 물이 충분하고 토양도 비옥했으며 초원과 숲도 넉넉해 지주와 농민들 모두 충분히 이용했다. 그간의 일을 다 알게 된 지주는 농부들에게 모든 **부역**을 면해주고 소작료만 바치게 했다. (촛불)

• '부역'의 뜻은?

• 관리인은 농민들에게 어떤 부역을 시켰는가?

• 당시 러시아의 농노제에 대해 조사해 보자. (왕, 영주, 관리인, 농노의 관계 및 책임과 의무)

온갖 대답이 나왔지만 왕은 어떤 대답도 마음에 들지 않았으므로 아무에게도 상을 내리지 않았다. 그리고 **현인**이라 널리 알려진 **은자**를 찾아가 올바른 대답을 구해 보기로 했다. (세 가지 질문)

- '현인'의 뜻은?

- '은자'의 뜻은?

- 여러분이 생각하는 현인은 누구인가?

"세몬이 공격 명령을 내렸지만 대포에서든 총에서든 탄약이 나와야 말이지. 세몬의 병사들은 **혼비백산**해서 양 떼처럼 달아나다 인도 왕에게 죽임을 당한 거야." (바보 이반)

- '혼비백산'의 뜻을 찾아보자.

- '혼비백산'을 사용하여 문장을 만들어 보자.

"이제 밭도 다 갈고 한 고랑만 남았어. 그러니 다들 나 좀 도와줘. 이반 그 녀석을 해치우지 못하면 지금까지 한 일이 **허사**가 되고 말잖아." (바보 이반)

- '허사'의 뜻을 찾아보자.

- '허사'를 사용하여 문장을 만들어 보자.

- 자신이 노력한 일이 허사가 된 경험이 있으면 이야기를 나누어 보자.

그렇게 해서 두 노인은 길 떠날 채비를 끝냈다. 식구들은 과자를 굽고 자루를 만들고 **각반**도 새로 만들어주었다. 두 노인은 새 가죽 신발을 신고 갈아 신을 짚신까지 챙기고는 길을 나섰다. 식구들이 마을 어귀까지 나와 길 떠나는 노인들을 배웅했다. (두 노인)

- '각반'의 뜻을 찾아 써 보자.

- '각반'이 필요한 경우는 언제일까?

"처음에는 물 좀 길어다 주고 빵이나 한 조각씩 주고 떠날 생각이었는데 어쩌다 여기까지 오게 됐을까? 이제 풀밭과 밭까지 찾아줘야 하게 됐어. 그렇게 하고 나면 아이들을 위해 젖소를 사줘야 할 테고, 남자가 수레에 곡식 단을 싣고 다니게 말도 사줘야 할 거야. 이봐, 예리세이 이게 다 스스로 **자초**한 일이야!" (두 노인)

- '자초하다'와 '자처하다'의 뜻을 비교해 보고 예문을 만들어 보자.

자초하다의 뜻

예문

자처하다의 뜻

예문

〈내용 응용력〉

구두장이는 걸음을 재촉했다 하지만 교회를 벗어날 때쯤 되자 자꾸만 양심의 가책이 느껴왔다. 구두장이는 가던 길을 멈추고 서서 혼잣말을 했다.

"세몬, 지금 뭘 하자는 거야? 사람이 곤경에 처해 죽어가는데 겁을 먹고 슬그머니 도망치려 하다니 . 네가 엄청난 부자라도 된다는 거야? 돈이라도 뺏길까 봐 겁나는 거야? 이봐 세몬 , 이건 옳지 못한 행동이야!"

세몬은 발걸음을 돌려 사내에게로 갔다. (사람은 무엇으로 사는가)

- 시몬처럼 양심의 가책을 느껴 본 경험이 있는가?

- 만약에 내가 추운 겨울날 길거리에서 벌거벗은 채 굶주리고 있는 사람을 보았다면 어떻게 할 것인가? 내가 할 수 있는 선행에는 어떤 일이 있을지 적어 보자.

⊙ 하나님이 미하일에게 한 질문에 대한 나의 생각은? 그리고 그 이유를 설명해 보자.

- 사람의 마음속에는 무엇이 있는가?

- 사람에게 주어지지 않은 것은 무엇인가?

- 사람은 무엇으로 사는가?

내가 행복하게 사는 데 필요하다고 생각되는 것들을 열거해 보자. 그리고 그 이유를 설명해 보자.

필요한 것들 :

이유 :

남에게 대접을 받고자 하는 대로 너희도 남을 대접하라. (사랑이 있는 곳에 신도 있다)

⊙ '남에게 대접을 받고자 하는 대로 너희도 남을 대접하라'는 말씀은 황금처럼 고귀한 윤리의 지침이라 하여 황금률(Golden rule)이라 일컫는다. 그리스도교 원칙에 따라 경영한다고 주장하는 기업들이 황금률이라는 명칭을 사용하게 되었다. 백화점 사업가인 J. C. 페니는 처음에 자신의 백화점을 황금률 백화점이라고 불렀으며, 보험 회사들 중에서도 이 이름을 딴 회사가 있다. 영국의 앨프레드 대왕(849~899)은 그리스도교의 원칙으로 나라를 다스리겠다고 마음먹고, 황금률을 법과 정의의 토대로 삼았다.

• 황금률은 어떤 의미를 나타내고 있는가?

• 내가 대접받고 싶은 대로 남을 대접한 경우는 언제인가?

• 내가 원치 않는 일을 남에게 강요한 적이 있었다면 이야기를 나누어 보자.

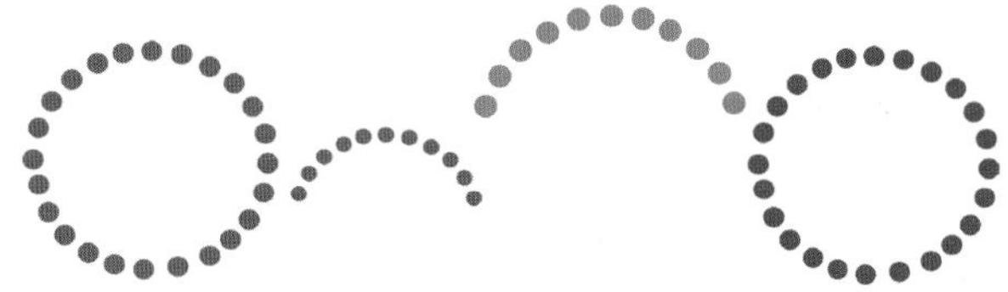

**원망으로 가득했던 마르틴은 성경을 읽고 깨달으면서 기쁨과 감사의 삶을 살게 된다.
누군가와의 '만남'이 '나'를 변화시킨 경험이 있다면 그 사례를 적은 후 공유해 보자.**

만남의 대상

언제

어떻게

교훈

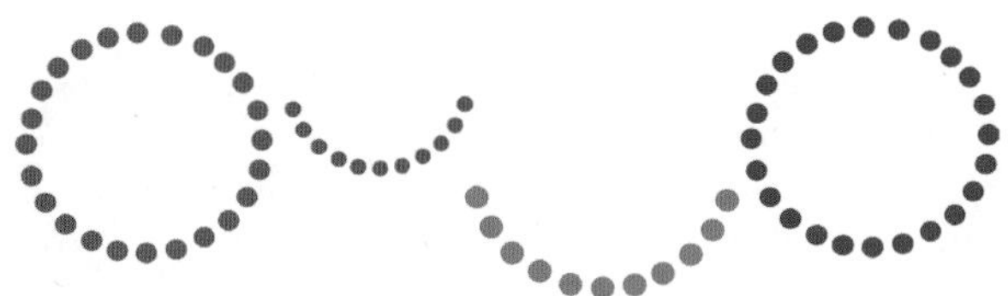

〈세 가지 질문〉에서의 왕의 질문에 나의 생각을 정리해 보자.

1. 인생에서 가장 좋은 때는 언제인가?

2. 인생에서 나에게 가장 중요한 사람은 누구인가?

3. 인생에서 가장 중요한 일은 무엇인가?

이반은 아버지의 가르침이기도 하고 하나님의 규율의 말씀을 늘 기억했다. 그는 누가 그에게 나쁜 짓을 한다 해도 복수하기보다 좋은 방향으로 해결하려고 노력하고, 누가 욕을 하면 맞서기보다 상대가 악한 말을 하지 않도록 가르치려고 노력했다. (불은 놓아두면 끄지 못한다)

- 작은 싸움이 큰 싸움으로 확대된 경험이 있으면 자신의 사례를 이야기해 보자.

- 남의 잘못만 보이고 나의 잘못을 보지 못하는 경우의 속담이나 격언을 찾아보자.

- '불을 놓아 두면 끄지 못한다'의 속뜻을 나의 말로 바꾸어 보자.

______________________ 면

__________________________ 지 못한다.

______________________ 면

__________________________________ 한다.

4단계 분석력

『사람은 무엇으로 사는가』에서 미하일은 날이 저물기 전에 죽을 거라는 것도 모르고 1년을 준비하는 신사를 보면서 사람에게 허락되지 않는 것은 자신에게 무엇이 필요한지 아는 능력이라고 깨닫는다. 자신의 죽음을 예견하는 능력이 있을 경우의 장단점과 예측하지 못하기 때문에 가능한 장단점을 분석한 후 이야기를 나누어 보자.

	죽음을 예측할 수 있는 인간	죽음을 예측할 수 없는 인간
장점		
단점		

- 각 인물의 성격과 품성에 대해 분석해 보자

세몬

마트료나

신사

부인

『사랑이 있는 곳에 신도 있다』에서 '스스로 높이는 자는 낮아지고 스스로 낮추는 자는 높아질 것', '첫째가 되고자 하는 자는 뭇사람을 섬기는 자가 되리라'는 성경 문구를 통해 떠오르는 단어들을 모두 적어 보자.

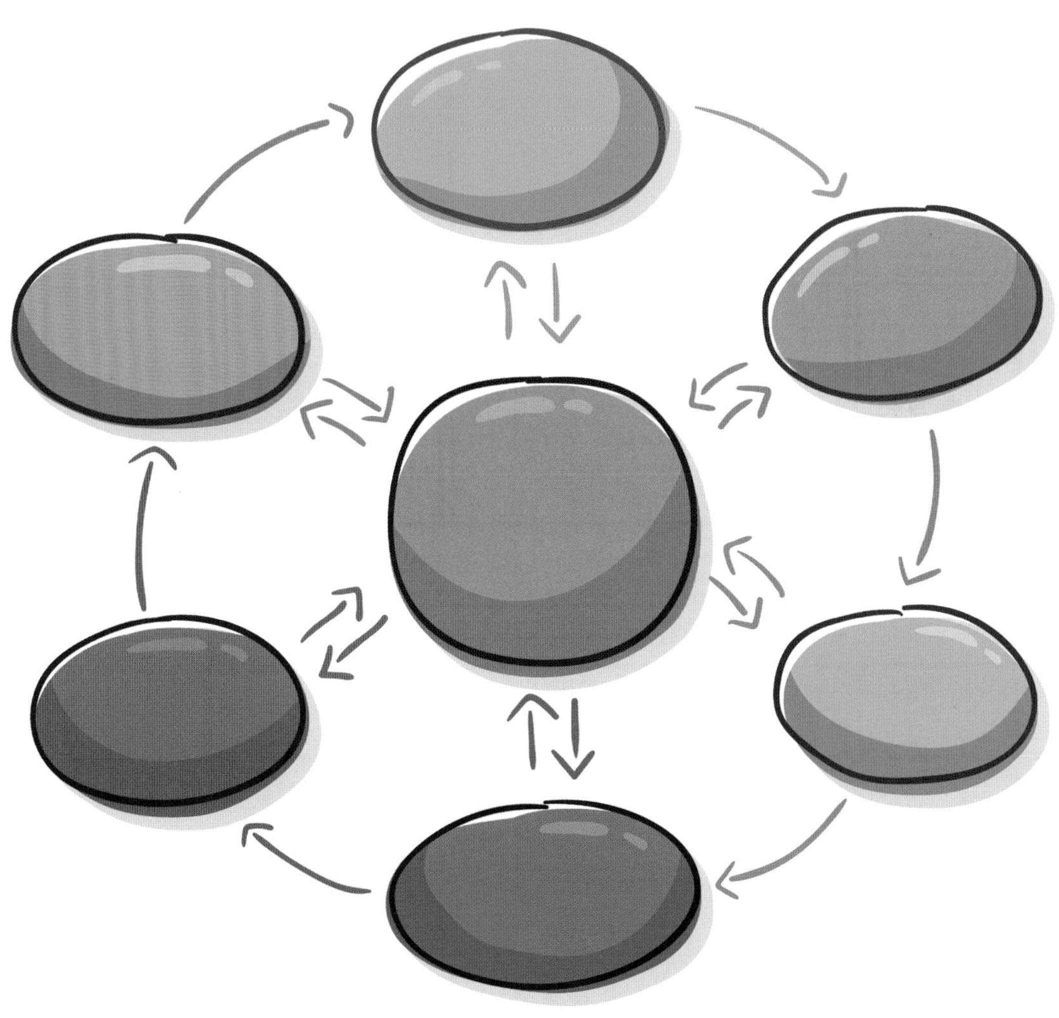

『사람에게는 얼마나 많은 땅이 필요한가?』에서 도시에 사는 언니가 시골에 사는 동생을 찾아온다.

• 이 글에서 도시 생활과 시골 생활의 장단점을 어떻게 나타내고 있는가?

	장 점	단 점
도시 생활		
시골 생활		

• 여러분이 생각하는 도시 생활과 시골 생활의 장단점은 무엇인가?

	장 점	단 점
도시 생활		
시골 생활		

사람들은 누구나 더 많은 것을 가지려고 한다. 욕구가 지나치면 욕심이 되고, 지나친 욕심은 탐욕이 된다.

욕구: 무엇을 얻거나 무슨 일을 하고자 바라는 일.

욕심: 분수에 넘치게 무엇을 탐내거나 누리고자 하는 마음.

탐욕: 자기가 원하는 것에 욕심을 내어 그것에 집착하는 것.

- 인간의 욕구와 욕심, 탐욕의 관계를 실생활 속의 예를 들어 설명해 보자.

- "가난의 고통을 없애는 방법은 두 가지다. 자기의 재산을 늘리는 것과 자신의 욕망을 줄이는 것이다. 전자는 우리의 힘으로 해결되지 않지만 후자는 언제나 우리의 마음가짐으로 가능하다." 이는 톨스토이가 한 말이다. 내가 바흠이라면 어떤 마음가짐으로 어떤 행동을 했을까?

- 『논어』와 『중용』에서는 "바라기는 하되 탐욕을 부리지 않는다."라는 말을 통해 욕구와 욕심의 경계점에 대해 얘기하고 있다. 내가 현재 가지고 있는 욕구, 욕심, 탐욕에 대해 생각해 보자.

『촛불』에서 악이 아닌 선을 통한 해결을 주된 주제로 하고 있다. 현대 사회에서 보복과 복수는 국가 권력에 위임되어 법을 통한 '응보(應報)주의(법률에 해당되는 죄를 저질렀을 경우 그에 상응하는 벌을 받아야 한다)'를 원칙으로 하고 있다.

중국의 무술 영화나 미국의 카우보이 영화는 악당의 행패를 개인이 응징하고, 우리나라의 고전문학 작품인『장화홍련전』,『홍길동전』이나 프랑스 뒤마의『몬테크리스토 백작』 역시 가난이나 억울함에 대항하는 복수가 주제다. 현대의 TV 드라마에서도 반전 복수극이 인기를 끌고 있다.

- 내가 정서적 쾌감을 느끼면서 보거나 읽은 복수극은?

- 복수극을 좋아하는 인간의 심리는 무엇인가?

- 복수극은 교육적 효과가 있는가?

톨스토이의 단편선에서 강조하는 핵심 주제어를 찾아보고 이에 관계되는 사자성어를 알아보자.

이야기	핵심 주제어	사자성어
사람은 무엇으로 사는가		
사랑이 있는 곳에 신도 있다		
사람에게는 얼마나 많은 땅이 필요한가?		
촛불		
세 가지 질문		
바보 이반		
노동과 죽음과 병		
불을 놓아두면 끄지 못한다		
두 노인		
대자		

톨스토이의 단편선은 주로 권선징악에 대한 이야기를 다루고 있다. 우리나라의 고전이나 동화 중에서 권선징악을 주제로 한 이야기를 찾아 그 줄거리를 소개해 보자. 톨스토이의 단편선 중 어느 이야기의 주제와 가장 유사한지 비교한 후 두 이야기 인물의 성격을 분석해 보자.

우리나라 권선징악 이야기의 줄거리

톨스토이 단편선 : 우리나라 이야기의 인물 비교

톨스토이는 “어떤 종교든지 ‘왜 나는 존재하며 나를 둘러싸고 있는 무한한 세계를 바라볼 것인가?’라는 질문에 대한 해답을 담고 있다.”고 말했다.

• 세계 3대 종교에 대해 알아보고 공통점과 차이점을 적어 보자.

• 각각의 종교에는 어떠한 의식들이 있으며, 그 의식들이 가지는 의미에 대해 이야기해 보자.

- 인간에게 종교가 반드시 필요한 것인가에 대해 자신의 의견을 말해 보자.

- 현재 종교를 가지고 있다면 나는 왜 존재하는지, 세상을 어떻게 바라보는지에 대한 질문에 어떤 답변을 할 수 있는가?.

- 내가 만약에 종교를 갖게 된다면 그 종교는 무엇이며 자신의 선택에 대한 이유를 말해 보자.

모한다스 카람찬드 간디(1869~1948)는 정치가·독립운동가였고 또한 사상가·종교가였다. 간디는 톨스토이의 저서『신의 나라는 네 안에 있다(The Kingdom of God is within You)』를 읽고 깊은 감명을 받아 그를 무척 존경하게 되었다. 그들은 서로 만난 적은 없지만, 서신 왕래를 하면서 간디는 톨스토이를 자신의 인생에 커다란 영향을 미친 사람이라고 말했다. 간디와 톨스토이의 사상적 유사점을 비교해 보고 간디가 톨스토이로부터 어떤 영향을 받았는지 알아보자.

5단계 평가력

⊙ 테레사 수녀님과 이태석 신부님의 삶을 조사한 후 그분들의 삶을 조명해 보자. 두 분의 삶에서 받은 감동을 글로 써 보자.

각자가 세상을 살아가는 동안 다른 이들에게 사랑과 선행을 베푸는 것이야 말로 하나님의 뜻대로 행하는 길임을 예핌은 그제야 깨달았다. (두 노인)

- 주변의 인물이나 위인 중 선행과 사랑을 실천한 분을 떠올려 보고, 그분들을 통해 얻는 교훈은 무엇인지 이야기를 나누어 보자.

마르틴이 거리를 나가보니 할머니가 아이의 머리카락을 잡아당기면서 당장 경찰서로 끌고 가겠다며 으름장을 놓고 있었다. (사랑이 있는 곳에 신도 있다)

- "바늘도둑이 소도둑이 된다."는 속담이 있다. 잘못된 행동에는 그에 합당한 처벌이 요구되는가?

- 어린아이의 도둑질은 철없는 행동이므로 용서해야 할까?

- 마르틴은 어떤 방식으로 할머니를 설득했는가?

- 여러분은 어린아이가 또다시 죄를 짓지 않도록 하기 위해 어떤 방법을 취할 것인가?

"사람을 죽이는 건 죄를 짓는 게 맞아. 하지만 우리가 죽이려는 그 인간을 한 번 보라고. 좋은 사람을 죽이는 건 분명 죄악이지. 하지만 그런 개만도 못한 인간을 죽이는 건 하나님 명령이야. 인간을 불쌍히 여긴다면 미친 개는 당연히 죽여야지. 그를 살려 두는 게 오히려 더 큰 죄를 짓는 거야. 그 놈이 사람들에게 어떻게 했는데! 그놈을 죽이는 게 다른 사람들을 위해서도 좋아. 사람들도 우리에게 고마워할걸."(촛불)

- 위의 글에서 잘못된 생각이라고 여겨지는 문장을 찾아보자.

- 나쁜 사람이라도 우리가 그들의 죄를 벌해서는 안 되는 이유는 무엇인가?

• 농부들과 표트르 미허예프의 선과 악에 대한 주장과 근거를 비교해 본 후, 나는 어느 쪽이 옳다고 생각하는지 자신의 주장과 근거를 작성해 보자.

선과 악	농부	표트르 미허예프	나
주장			
근거			

- 순 서 -

판정인을 홀수로 선출한 후 팀별로 나눠 팀장을 선출한다.

팀별로 그들의 입장과 근거를 제시한다.

필요하다면 반론을 준비할 시간을 준다.

반론을 펴고 반론을 반박한다.

최종 변론을 통해 자신들의 주장을 설득한다.

판정팀은 판결 결과를 발표하고 그 이유를 설명한다.

〈토론하기 1〉

"눈은 눈으로 이는 이로 갚으라 하였다는 것을 너희가 들었으나 나는 너희에게 이르노니 악한 자를 대적하지 말라." [『마태복음』 5장 38~39절] 함무라비 법전은 기원전 1792년에서 1750년까지 바빌론을 통치한 함무라비 왕이 반포한 고대 바빌로니아의 법전이다. "생명에는 생명으로써, 눈에는 눈으로써, 이에는 이로써"라고 서술되어 있는 것처럼 무제한의 복수가 아닌 피해자가 입은 피해와 같은 정도의 손해를 가해자에게 가하는 탈리오 법칙[lex talionis: 동해보복법(同害報復法)]을 원칙으로 하고 있다. 반면에 처칠은 "복수는 가장 많은 돈과 시간이라는 비용이 드는 행위다."라고 했고, 링컨은 "개를 죽인다고 물린 자리가 낫지 않는다."라고 했다. 성경 또한 앙갚음하지 말 것을 권하고 있고, 미허예프는 하나님의 힘이 악이 아닌 선으로 나타난다는 것을 보여 주었다.

토론 주제)

'보복'보다 '선'이 언제나 옳다.

자신의 견해

찬성 측 근거

반대 측 근거

1.

2.

3.

반대 측 반박

찬성 측 반박

1.

2.

3.

찬성 측 최종 변론

반대 측 최종 변론

1.

2.

3.

판정인 견해

〈토론하기 2〉

여러분은 이반은 바보라고 생각하는가 아니면 바보가 아니라고 생각하는가? 비폭력주의, 평화주의, 무노동 무임금주의, 재물과 명예보다는 거짓 없는 성실한 삶을 추구하는 이반의 가치관에 대해 자신의 의견을 제시해 보자.

토론 주제)

현대 사회에서 바보 이반처럼 살아가는 것이 선하다고 할 수 있는가?
세몬과 타라스처럼 군대를 양성하고 재물을 얻기 위해 살아가는 것은 악이라고 할 수 있는가?

- 자신의 의견을 근거와 예시를 들어 주장해 보자.

〈토론하기 3〉

사람은 무엇으로 사는가: 저는 하늘나라 천사였지만 하나님 말씀에 순종하지 않았습니다. 하나님은 제게 한 여인의 **영혼**을 거두어오라고 명하셨습니다.

사랑이 있는 곳에 신도 있다: 마르틴은 본래 선한 사람이었지만, 나이가 들면서 자신의 **영혼**에 대해 더 많이 생각하고 하나님께 더 가까이 다가갔다.

촛불: 사람을 죽인다는 건 자기 영혼을 피로 물들이는 거야.

두 노인: 몸은 순례를 다녀왔네만 내 **영혼**도 다녀온 건지는 잘 모르겠어. 다른 사람 영혼이 다녀온 건지도 모르겠고….

대자: 사랑하는 형제여, 부디 자신의 **영혼**을 불쌍히 여기시오.

톨스토이는 말기 삶과 죽음, 종교 생활에 대해 진지하게 고민했다. 그의 단편선은 소박한 민중의 삶을 통해 기독교적 진리를 다루고 있으며, 선을 행하며 사랑을 베푸는 덕목을 강조하고 있다. 따라서 그의 글에는 영혼이라는 단어가 많이 나온다.

영국의 세계적인 물리학자인 스티븐 호킹 박사는 "천국이나 사후 세계가 우리를 기다리고 있다는 믿음은 죽음을 두려워하는 이들이 꾸며낸 동화에 불과하다. 죽기 전 마지막으로 뇌가 깜빡거리는 순간 이후에는 어떤 것도 없다" 라고 말했다. 그는 또한 "인간의 뇌는 부품이 고장 나면 작동을 멈추는 컴퓨터와 같다"라며 "고장 난 컴퓨터에는 천국이나 사후 세계는 없다"라고도 말했다. 컴퓨터의 하드웨어를 인간의 육체로, 소프트웨어를 인간의 영혼으로 생각한다면, 스티븐 호킹은 컴퓨터의 하드웨어의 작동이 멈추어지는 순간이 바로 인간의 사망과도 같다고 여겼다. 스티브 호킹 박사는 자신의 저서 『위대한 설계(The Grand Design)』에서 우주는 과학에 의해서 지배받는다며 신의 존재를 부정했으며 영혼의 존재를 믿지 않았다.

인간에게 영혼은 존재하는지 자신의 의견을 말해 보자.

토론 주제)

인간에게 영혼은 존재하는가?

자신의 견해

찬성 측 근거 | 반대 측 근거

1.

2.

3.

반대 측 반박 | 찬성 측 반박

1.

2.

3.

찬성 측 최종 변론 | 반대 측 최종 변론

1.

2.

3.

판정인 견해

무소유란

아무것도 갖지 않는 것이 아니라 불필요한 것을 갖지 않는다는 뜻이다.
우리가 선택한 맑은 가난은 부보다 훨씬 값지고 고귀한 것이다.
무소유란 아무것도 갖지 않는다는 것이 아니다. 궁색한 빈털터리가 되는 것이 아니다.
무소유란 아무것도 갖지 않는 다는 것이 아니라 불필요한 것을 갖지 않는다는 뜻이다.
무소유의 진정한 의미를 이해할 때 우리는 보다 홀가분한 삶을 이룰 수가 있다.
우리가 선택한 맑은 가난은 넘치는 부보다 훨씬 값지고 고귀한 것이다.
이것은 소극적인 생활 태도가 아니라 지혜로운 삶의 선택이다. 『산에는 꽃이 피네』_법정스님

- 위의 글에는 맑은 가난과 넘치는 부, 소극적인 생활 태도가 아닌 지혜로운 삶을 대비하고 있다. 무슨 뜻일까?

- 현재 내가 불필요한 것에 집착하는 것이 있는가?

- '욕심'과 대비되는 '무소유'에 대해 생각해 보고, 행복과 소유의 관계와 물질적 부와 정신적 부에 대해 토론해 보자.

  1) 물질적으로 많이 가질수록 행복한 것인가?

  2) 정신적인 부를 얻는 방법은 무엇인가?

  3) 물질적인 부와 정신적인 부의 균형을 이루는 삶의 방식은 무엇인가?

6단계 창조력

가장 인상 깊은 톨스토이 단편을 선정하여 감상 보고서를 작성해 보자.

제목	
주인공 소개	
주인공에게 하고 싶은 말	
기억에 남는 장면	
인상 깊은 글	
톨스토이에게 하고 싶은 질문	
내가 바꾸고 싶은 줄거리	
이야기의 교훈	
나에 대한 반성	

에리히 프롬은『사랑의 기술』에서 사랑의 종류를 형제애, 모성애, 자기애, 이성애, 신에 대한 사랑으로 구분했다. 그는 "사랑은 사랑하고 있는 자의 생명과 성장에 대한 우리의 적극적 관심"이라고 말했다. 생각에 머물지 않고, 머리로 계산하지 않고 누군가의 생명과 성장을 위해 도움을 준 형제애 (우정, 동료애) 경험을 글로 정리해 보자.

〈Activity〉

우리 인간의 삶에서 중요한 대상이 되는 것을 '가치(value)'라고 한다.
톨스토이는 단편집에서 인간에게 필요한 가치를 강조하고 있다.
그러나 톨스토이가 중요하다고 생각하는 가치와 여러분이 중요하다고 생각하는 가치는 다를 수 있다.
지금부터, 가치 카드 게임에 참여해 보자.

〈Rule〉

1. 여러분은 다음의 가치 리스트 중 세 개를 갖고 시작합니다.
'나에게 가장 중요한 가치' 세 개를 골라 주세요.

학 벌	지 혜
가 족	지 식
돈	인 기
권 력	사 랑
명 예	자 유
외 모	평 화
우 정	정 직

그러면 '가치 은행'으로부터 세 장의 가치 카드를 받게 됩니다.

2. 고른 세 개의 가치가 나에게 어떤 점에서 좋은지 생각해 봅시다.
그리고 그것을 포스트잇에 적고, 가치 카드 뒷장에 붙여 주세요.

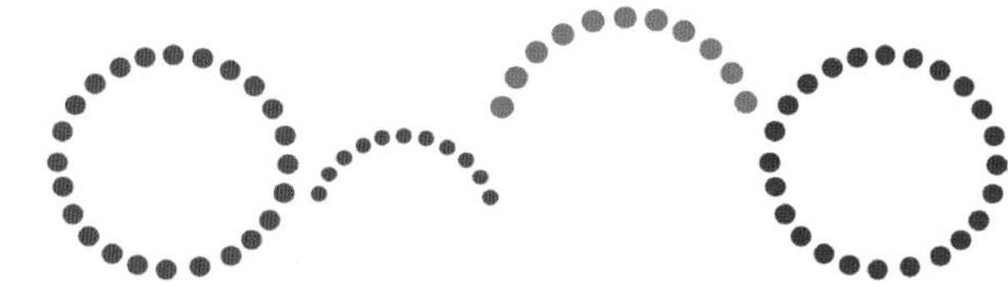

3. 이제 돌아다니면서 친구들을 만나 봅시다.
친구가 가진 가치가 모두 나와 다를 경우, 왜 그 가치를 선택했는지 서로 설명합니다.
혹시 설명을 듣고 카드를 바꾸고 싶은 사람이 있으면 서로 바꿀 수 있습니다.
친구가 가진 가치 중 하나 이상이 나와 같을 경우,
한 사람이 다른 사람에게 가치 카드를 주어야 합니다.
두 사람 중 그 가치가 어떤 점에서 좋은지 보다 잘 설명한 친구가 가치 카드를 얻게 됩니다.
공정한 심판을 위해 다른 친구에게 판단을 맡깁니다.

4. 모든 친구를 만나면 자리로 돌아옵니다.
갖고 있는 가치 카드가 실제로 유효하다면, 10년 후, 20년 후 어떻게 될 것인지 상상해 보세요.
한 장의 A4 용지에 '나의 미래 모습'을 그림과 글로 표현해 봅시다.

5. 친구들에게 '나의 미래 모습'을 발표합니다.
발표를 듣고 친구들은 피드백을 합니다.

6. 이제, 가치은행으로부터 원하는 카드를 더 받을 수 있습니다.
단, 그 가치가 어떤 점에서 필요한지 설득할 수 있을 때 받도록 합니다.
나의 미래 계획에 왜 필요한지 설명할 수 있어야 합니다.

7. 마지막으로, 가지고 있는 가치들로 미래 계획을 수정해 봅시다.
이번에는 그 가치들을 실제로 이루기 위해, 지금부터 어떤 노력을 해야 하는지도 포함합니다.
친구들이 피드백한 것들을 반영해서 좀 더 구체적인 미래 계획을 만들어 봅시다.

자신이 뽑은 가치관 카드와 연관된 미래의 모습을 상상해 봅시다.

나의 미래 모습[그림으로 표현해 보자.]

나의 미래 모습[글로 표현해 보자.]

〈 서평 쓰기 〉

-『사람은 무엇으로 사는가?』를 읽고-

Baby Eucalyptus

『사람은 무엇으로 사는가?』에 대하여…

19세기 러시아 문학을 대표하는 톨스토이는 인간의 욕망에 대한 심리를 잘 표현한 작가다. 그는 삶과 죽음, 육체와 정신, 현실과 이상에 번민하면서 당시 러시아의 시대적 배경을 바탕으로 인간의 본능적 쾌락의 모습을 파헤쳤다. 그는 부유한 귀족의 자제로 태어났지만 일찍이 부모를 잃고 친척 집에서 자랐다. 한동안 귀족들과 방탕한 생활을 했지만, 귀족 사회의 탐욕에 대한 염증과 기존 기독교에 대한 실망감을 갖게 되면서 민중 계몽에 관심을 갖게 되었다.

사회적 모순과 종교적 부조리를 비판하면서 기독교적 신앙을 바탕으로 인간의 양심적 투쟁과 도덕적 점검을 통해 참된 인생의 의미란 사랑의 실천임을 강조하는 단편들을 집필했다. 『사람은 무엇으로 사는가?』 단편선에 수록되어 있는 글은 성경의 구절로부터 시작하고 있다. 기독교적 메시지를 강조하고 있지만, 인간의 탐욕을 경계하고 이웃 사랑의 보편적 휴머니즘 세계관을 주장함으로써 시공을 초월한 명작으로 읽히고 있다.

톨스토이는 1894년 자신의 작품 『하느님 나라는 당신 안에 있다』 에서 삶에서 가장 중요한 것은 하느님의 나라를 이루는 것을 돕는 일이라고 하면서 개개인은 진실에 대한 깨달음과 선포에 의해 이루어질 수 있다고 말했다. 톨스토이의 노년 시절 그는 삶과 죽음에 대해 진지하게 고민한다. 톨스토이는 깊은 성찰을 한 후 기독교 신앙을 바탕으로 한 인류애를 인생 신념으로 삼게 되었다. 톨스토이의 단편선에 나오는 주제는 200년이 지난 현재에도 또 그 미래에도 절실하게 느껴질 불멸의 진리일 것이다.

어린 시절 소풍날만 먹을 수 있었던 바나나의 향기와 촉감, 미제 초콜릿의 달달함은 지금

맛보는 바나나와 초콜릿의 맛과는 비교가 되지 않을 정도로 맛있었다. 나는 초등학교 소풍을 다녀오면 마당의 잔디밭에 돗자리를 펴고 커다란 우산을 파라솔처럼 펼쳐 놓은 채, 어린 동생과 2차 소풍을 즐기며 고스란히 남겨온 소풍 간식을 함께 나눠 먹었다. 동생은 작은누나에 대한 고마운 기억을 어린 시절의 추억으로 소중히 간직하고 있다. 물질적인 것이 귀했던 시대, 작은 것이 주는 행복에 감사했던 시절이었다.

책이 귀했던 시절, 나와 내 남동생은 아버지의 창작 동화인 '코뿔소 이야기'를 듣기 위해 바쁘신 아버지를 조르고 졸라 양 팔에 매달리곤 했다. 코뿔소를 타고 다니는 복동이의 이야기는 톨스토이의 단편선의 주제와 유사했다. 아버지의 복수를 위해 코뿔소를 타고 다니는 복동이는 언제나 정의의 사도였다. 나는 돌아가신 아버지에게 자연스럽게 도덕과 윤리를 배운 셈이다.

나의 초등학교 시절에는 오빠 친구도 언니 친구도 동생 친구도 다 내 친구였다. 함께 야구, 축구, 모래 장난을 하기도 했다. 때론 미장원 놀이와 인형 놀이를 했고, 나무에 매달은 로프 줄을 타고 타잔 놀이를 했다. 어린 시절의 나는 상대방에 대한 선입견이나 편견 없이 그저 누구든지 좋아했고 친했다. 나의 행복했던 기억 안에는 언제나 그렇게 '사람' 이 존재한다.

가난의 굴레에서 벗어나 선진국의 문턱에 다가선 우리나라에서는 오히려 개인의 행복감만을 지나치게 강조하고 있으며, 지나치게 빨리 진행된 산업화의 여파로 '효' 와 '가족', '이웃사랑', '애국심'의 전통이 그저 나이 든 사람의 꼰대 발언으로 여겨지는 것은 안타까운 일이다. 현재 우리나라에서 존속 살인과 비속 살인이 증가하는 현상에 대해 톨스토이는 무엇이라 말할 것인가?

옆집의 사람과 말 한마디도 걸지 않는 세상, 층간 소음에 싸움을 벌이는 이웃의 모습에 대해 톨스토이는 『불을 놓아 두면 끄지 못한다』에서 말하고 있다. 이웃과 사이좋게 지내는 것이 아버지의 가르침이었고 하나님의 규율이라고. 누군가의 잘못에 응징하고 복수하기보다 항상 좋은 방향으로 해결하려고 노력한 이반의 삶에서 현재 우리의 삶을 반성하게 한다. 『두 노인』에서 자신이 염원하던 성지 순례 길에서 만난 어느 한 가난한 가족을 위해 자신의 돈과 시간을 아낌없이 써버린 예리세이를 통해 누군가의 아픔을 공감하고 사랑의 실천으로 배려하는 삶이 오히려 인생을 풍족하게 한다는 진리를 역설한다. 우리의 삶은 점차 물질적인 부에 치중하여 정신적인 부를 쌓는 데 소홀해지고 있다. 톨스토이는 '노블레스 오블리쥬' 정신을 주장하고 실천한 인물이다.

톨스토이는 『바보 이반』에서 권력과 재물을 쫓아다니는 두 형 세몬과 타라스의 모습에서 당시 러시아의 특권 귀족층의 거짓된 삶을 고발하고 있다. 탐욕과 권모술수 없이 정직하고 성실하게 노동하며 살아가는 이반의 소시민적 진실된 삶의 면모와 대조를 이루고 있다. 또한『사람에게는 얼마나 많은 땅이 필요한가?』의 바흠은 자신이 가진 재물에 만족하지 못하고 욕심을 부리다가 결국 죽음을 맞이하게 된다. 인간의 탐욕을 경계하고 가진 것에 감사하며 주변과 나누는 삶을 지향하는 톨스토이의 철학을 엿볼 수 있다. 과연 이반이 바보인 걸까?

21세기는 테크놀로지의 급속한 변화, 금전만능주의, 경쟁과 성과주의, 출세지상주의를 통한 물질적 풍요 속에서 어느 때보다 윤리적 빈곤 현상을 맞이하고 있다. 프랑스는 자국 내 각종 폭력과 인종차별의 사회 문제가 점차 심각해지면서 올바른 국가관, 교사와 친구 간 존중 의식을 고취시킬 목적으로 윤리 교육을 시행하고 있다. 페이옹(Vincent Peillon) 전 프랑스 교육부 장관은 "돈과 경쟁, 이기심보다는 지혜, 헌신, 더불어 사는 삶이 더 중요하다는 것을 깨닫게 해 주고 싶다."면서 "학생들은 양심에 따라 자신의 의사를 결정하는 법을 배울 것"이라고 말했다.

인간을 사회적 동물이다. 아무리 개인주의가 우위가 되는 세상이라 할지라도 인간은 누군가의 사랑과 온정을 기대한다. 나 역시 나이가 들면서 영혼에 대해 더 많이 생각한다. 행복하다는 것은 물질적 행복이 아닌 영혼적 행복을 말한다. 행복 'happy'의 어원은 'happ'에서 유래되었고, happ은 '우연한 일(happenstance)' 또는 '우연(haphazard)'을 의미한다. 행복이 필연이 아니라 우연히 발견되는 것이라면 우리는 행복하기 위해 노력해야 한다. 요새 '소확행(작지만 확실한 행복)'이란 말이 트렌드라 한다. 물건을 쌓아 놓으면 공간을 차지하지만, 삶의 의미와 주변에 대한 사랑과 감사는 언제나 풍족하게 저장할 수 있다.

물질만능의 시대의 현대인으로 살아가면서 가끔씩 꺼내 보는 소중한 사진처럼 톨스토이의 질문을 스스로에게 해 보면 어떨까?

'사람의 마음에는 무엇이 있는가?'

'사람에게 허락되지 않은 것은 무엇인가?'

'사람은 무엇으로 사는가?'

최 혜 림

Ⅱ
동물농장

평등한 시민 사회

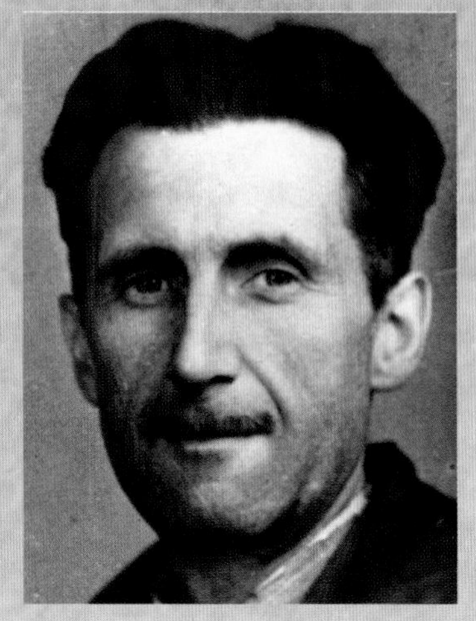

조지 오웰(1903년 6월 25일 ~ 1950년 1월 21일)

조지 오웰은 인도에서 태어난 영국 작가이자 언론인으로 본명은 에릭 아서 블레어이다.

인도 벵골에서 하급 관리의 아들로 태어난 조지 오웰은 학교 수업에 흥미를 느끼지 못했다. 그는 경찰 시험에 합격하여 미얀마에 부임했지만 식민주의와 제국주의의 체제에 불만을 가지고 그만둔다. 그 후 파리와 런던에서 밑바닥 생활을 전전하면서 이때의 경험을 밑천으로 쓴 『파리와 런던의 밑바닥 생활』은 그를 르포 작가로 세상에 알린 첫 작품이 되었다.

첫 책을 계기로 조지 오웰은 탄광 노동자의 생활에 관한 글을 의뢰받게 되었고, 이어 발표한 『위건 부두로 가는 길』이 히트하면서 전문 작가의 길을 걷게 되었다. 그의 작품은 주로 분명하고 명료한 문체로 사회 부조리를 고발하고 전체주의에 대한 비판과 민주사회주의에 대한 정의를 표현하고자 했다. 그의 풍자성은 시대적 배경과 인물이 다른 시공간으로 이동하면서도 상징적 의미를 암시한다는 점에서 불멸의 고전으로 그 효력을 잃지 않고 있다.

조지 오웰의 『동물농장』은 제2차 세계대전 직후 1945년 러시아 혁명과 스탈린을 모델로 쓴 작품으로 계급의식을 풍자하고 전체주의를 비판했다. 동물을 주인공으로 한 우화 형식의 정치 풍자 소설로 어느 시대에서나 보이는 인간적 속성으로 『동물농장』은 지금도 해학적 의미를 나타내고 있다.

- 작가에 대해 조사를 해 본 후 내가 생각하는『동물농장』의 작가는 어떤 사람인지 함께 의견을 나누어 보자.

- 『동물농장』 작품의 배경과 시대상을 조사해 보자.

- 조지 오웰은 "과거를 지배하는 사람이 미래를 지배하고, 현재를 지배하는 사람이 과거를 지배한다."라고 말했다. 이 말의 의미를 해석해 보자.

1단계 기억력

• 늙은 수퇘지인 메이저의 인물의 모습이나 성격을 묘사해 보자. (1)

• 메이저를 중심으로 동물 전원이 농장 헛간에 모였다. 어떤 동물들이 있었는지 기억해 보자. 유일하게 참석하지 못한 동물은? (1)

• 『동물농장』의 동물들의 적과 친구의 기준은 무엇인가? (1)

적

친구

• 메이저의 사망 후에 동물들이 깨달은 그들의 의무는 무엇인가? (2)

• 메이저의 가르침을 조직화하여 사상 체계로 발전시킨 세 마리 돼지의 장점은 무엇인가? (2)

나폴레옹

스노볼

스퀼러

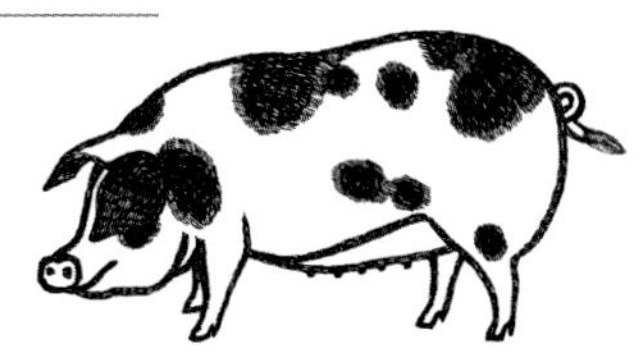

• 암말 몰리가 동물주의 세계에서도 지금처럼 가지고 싶은 두 가지는 무엇인가? 그 두 가지가 상징하는 것은 무엇인가? (2)

• 집 까마귀 모지즈가 말하는 신비한 나라인 '슈가캔디 마운틴'은 어떤 곳인지 묘사해 보자. (2)

• 동물들만으로 운영되는 동물농장에서 건초 수확은 생각보다 큰 성공을 거둔다. 그 이유는 무엇인가? (3)

• 동물들이 모두 쉬는 일요일 오전에 한 의식의 일과는 무엇인가? (3)

• 동물농장에서 읽고 쓰는 것을 잘하는 동물의 순위를 매겨 나열해 보자. (3)

• 스노볼은 일곱 계명을 단 한 줄의 격언으로 요약했다. 그 한 줄의 격언은 무엇이며, 그것이 뜻하는 바는 무엇인가? (3)

• 동물농장의 깃발을 그림으로 그려 보자. 깃발의 색과 깃발 안에 그려진 것이 상징하는 것은? (3)

- 스노볼과 나폴레옹이 농장 밖으로 비둘기들을 파견한다. 비둘기들의 임무는 무엇인가? (4)

- 존즈와 그 일꾼들이 동물농장을 재탈환하기 위해 진격해왔다. 스노볼은 어떤 작전을 썼으며, 전투의 결과는 어떠했는가? (4)

- 존즈의 총은 깃발 게양대 밑에 놓아두었다가 일 년에 두 번씩 발사하기로 한다. 두 번의 기념일은 언제인가? (4)

• 스노볼이 축출되고 나서 나폴레옹이 폐지한 것과 새롭게 만든 것은 무엇인가? 그리고 그 이유는? (5)

• 말 복서가 자신이 지켜야 할 개인 모토는 무엇이며, 추가한 것은 무엇인가? (5)

• 나폴레옹은 스노볼의 풍차 계획안에 반대를 했는데 스노볼이 쫓겨난 지 3주일 째가 되는 일요일, 풍차를 건설할 계획을 발표한다. 스퀼러의 변명은 무엇인가? (5)

• 동물들은 인간 존즈를 몰아낸 후 일은 더 많아졌지만 자신들의 노동과 희생을 감당하고 행복하게 일했던 이유는? (6)

• 풍차 건설 사업에서 가장 힘든 일은 무엇이며, 어떤 방법을 사용했는가? 그리고 그 일에 공헌한 동물은 누구인가? (6)

• 동물들이 자급자족하지 않고 농장에서 생산할 수 없는 물건들은 무엇이었나? (6)

- 돼지들은 인간과 거래하지 않고 장사에 손대지 않고 돈을 사용하지 않는다는 메이저 영감의 가르침을 위반한다. 스퀼러의 변명과 논리는 무엇인가? (6)

- 동물농장에서 공사 중인 풍차가 무너지고 만다. 무너진 실제 원인과 나폴레옹이 주장하는 풍차 붕괴 원인은 무엇인가? (6)

- 동물농장의 식량 사정이 좋지 않자 나폴레옹은 농장의 사정을 외부에 제대로 알리지 못하게 하기 위해 휨퍼 씨를 이용하기로 한다. 어떤 방법을 사용했는가? (7)

- 나폴레옹과 스퀼러는 농장에서 일어나는 모든 일은 스노볼이 한 것이라고 덮어씌운다. 이러한 행위를 한 단어로 무엇이라고 하는가? (7)

• 스퀼러가 동물들에게 일을 더 많이 시키기 위해 일요일 아침에 발표하는 목록은 어떤 내용인가? (8)

• 깃발 게양대의 총은 두 번의 경축일 이외에 추가 발포되었다. 무슨 날인가?(8)

• 나폴레옹의 호칭으로 어떤 칭호들을 사용했는가?(8)

• 나폴레옹이 프레데릭으로부터 목재 값으로 받은 액수는 실제로 얼마인가?(8)

• 풍차전투의 승리를 자축하기 위해 나폴레옹이 한 일은 무엇인가? 승리를 축하하면서 깨끗이 잊힌 불행한 사건은 무엇인가?(8)

• 나이가 들어가는 말 복서의 마지막 단 한 가지 꿈은 무엇인가? (9)

• 동물들의 정해진 은퇴 연령은 몇 살이며, 은퇴 후의 문제로 거론된 것은 무엇인가? (9)

• 돼지들에게만 주어진 특혜와 특권은 무엇인지 열거해 보자. (9)

• 동물농장은 공화국으로 선포되고 나폴레옹은 대통령에 선출된다. 공화국의 뜻을 알아보자. 공화국의 반대어는 무엇인가? (9)

• 말 복서가 쓰러지자 스퀼러는 동물들에게 복서를 어디에 보내기로 설득했는가? 그리고 실제로 보낸 곳은 어디인가?(9)

• 풍차는 성공리에 완성된 후 어떤 용도로 사용되었는가? (10)

• 스노볼이 과거 동력 발전소를 설치하여 동물들을 위해 펼치고자 했던 꿈은 무엇이었나? (10)

• 나폴레옹은 동물들의 참다운 행복은 무엇이라고 했는가? (10)

• 농장은 전보다 부유해졌지만 동물농장의 동물들이 더 잘살지 못하는 이유는 무엇인가? (10)

2단계 이해력

- 수퇘지 메이저는 농장의 동물들을 헛간에 모이게 한 후 연설을 한다. 연설의 주요 메시지는 무엇인가? (1)

- 메이저는 쥐와 산토끼 같은 동물이 동지인지 적인지를 투표에 부친다. 쥐와 산토끼는 농장 동물과 어떤 차이가 있는 것인가? (1)

- '잉글랜드의 짐승들'이라는 제목의 노래의 가사 '황금의 날'이 상징하는 것은 무엇인가? (1)

• 암말 몰리의 설탕과 댕기는 무엇을 상징하며, 동물주의 정신에 위배되는 이유는 무엇인가? (2)

• 존즈는 예상한 것보다 빨리 쫓겨나고 메이너농장은 동물들이 차지하게 된다. 그 배경을 설명해 보자. (2)

• 동물들이 마구간의 각종 멍에와 마구를 넣어둔 방에 들어가 각종 도구들을 우물에 버리고 불태워버린다. 재갈, 사슬, 고삐, 굴레, 채찍이 상징하는 것과 말갈기와 꼬리 치장용 댕기가 상징하는 것은 무엇인가? (2)

재갈, 사슬, 고삐, 굴레, 채찍

말갈기, 댕기

- 메이저 영감은 동물들이 인간을 절대로 닮으면 안 되는 것에 대해 연설했다. 동물농장을 만든 돼지들은 동물주의 원리를 7계명으로 만들었다.
  7계명을 적어 보고, 메이저 영감이 말한 내용과의 차이점을 살펴보자. (2)

  1.

  2.

  3.

  4.

  5.

  6.

  7.

  차이점

- 젖소에게서 나온 다섯 양동이의 우유는 동물들이 건초용 꼴을 베고 돌아와 보니 어디론가 사라졌다. 우유는 어디로 옮겨진 것인지 추론해 보자. (2)

- 흰말 몰리는 왜 자유를 포기하고 인간의 품으로 돌아갔을까? 몰리가 다른 동물과 다른 점은 무엇이며, 몰리를 행복하게 만드는 것이 무엇인지 설명해 보자. (5)

- 나폴레옹은 스퀼러를 시켜서 휨퍼를 통해 주당 달걀 4백 개씩을 팔기로 계약했으니 암탉들이 달걀을 모두 내놓아야 한다고 명령한다. 암탉들은 어떻게 행동했으며, 나폴레옹은 어떤 조처를 했는가? 그 결과 암탉 아홉 마리 죽음의 원인은 무엇인지 추론해 보자. (7)

암탉들의 행동

나폴레옹의 대응

결과

닭들이 죽은 원인

• 나폴레옹과 스퀼러는 농장에서 일어나는 나쁜 일에 대해서 모두 스노볼과 관련 있다고 발표한다. 다른 동물들이 그들의 발표를 믿고 신뢰하는 원인이 무엇인지 추론해 보자. (7)

• 돼지, 암탉, 양은 스스로 잘못을 인정한다. 그들의 자백 내용의 공통점은 무엇이며 왜 자백한 것일까? 그들은 어떻게 되었는가? (7)

• 참혹한 보복을 지켜 본 동물들이 어떤 감정을 느꼈을지 추론해 보자. (7)

• 나폴레옹은 특별 포고에 따라 '잉글랜드의 짐승들' 노래를 금지한다. 이 노래를 금지하는 이유는 무엇일까? 새롭게 만들어진 노래에 대한 동물들의 반응은? (7)

- 나폴레옹이 프레데릭과 필킹턴을 상대로 동물농장의 목재를 팔기 위해 취한 지략은 무엇이었는지 설명해 보자. (8)

- 풍차전투가 벌어지게 된 배경과 과정 그리고 결과를 설명해 보자. (8)

- 스퀼러는 눈이 흐리멍덩하고 병든 동물 같았다. 그리고 나폴레옹이 죽어가고 있다고 말했다. 스퀼러와 나폴레옹을 포함한 돼지들은 어떤 상태인가? 그들이 정신을 차리고 작성한 발표문의 내용은 무엇인가? (8)

• 나폴레옹은 일주일에 한 번씩 '자발적 시위'를 열도록 했다. 이 시위의 목적은 무엇이며, 어떤 행사가 진행되었는가? 나폴레옹의 의도는 무엇일까 생각해 보자. (9)

• 나폴레옹은 돼지 새끼들의 교육을 담당하고 다른 동물의 새끼들과 놀지 말라는 지시를 내린다. 그 이유는 무엇인가? (9)

• 스퀼러와 나폴레옹은 말 복서의 죽음을 다른 동물들에게 어떻게 설득했는가? 돼지들이 어디에선가 돈이 생겨 위스키를 한 상자나 사서 마셨다는 소문이 나돈 것이다. 어디에서 생긴 돈일지 추측해 보자. (9)

• 동물농장의 돼지들이 인간을 흉내 내기 시작한다. 어떤 흉내를 내는가? 그리고 인간을 따라 하는 이유는 무엇일까? (10)

• 인간 필킹턴이 동물농장에 대한 적대감을 없애고 우호적인 감정을 가지게 된 계기는 무엇인가? 나폴레옹 역시 필킹턴과 좋은 관계를 가지려는 의도는 무엇인가? (10)

• 창밖의 동물들은 "누가 돼지고 누가 인간인지, 어느 것이 어느 것인지 이미 분간할 수 없었다." 고 말한다. 이 문장이 의미하는 것을 무엇인가? 인간과 돼지의 속성에 대해 생각해 보자. (10)

• 나폴레옹이 '동물농장' 을 다시 '메이너농장'으로 바꿔 부르는 이유는 무엇인가? (10)

3단계 응용력

〈어휘응용〉

"동무들, 결정해야 할 문제가 하나 생겼소. 쥐, 산토끼 같은 동물은 우리의 동지입니까? 적입니까? 우리 이 문제를 투표에 부칩시다. 오늘 모임에 이 문제를 **상정**하는 바이오. 쥐는 우리의 친구입니까?"(1)

• '상정'의 뜻을 찾아 적어 보자.

• '상정'을 사용하여 문장을 만들어 보자.

나폴레옹은 몸집이 크고 표정이 다소 사나워 보이는 버크셔 수퇘지로 말솜씨가 좋은 편은 아니었지만 고집 세고 매사에 자기 뜻을 **관철**한다는 평판이 나 있었다 (2).

- '관철'의 뜻을 찾아 적어 보자.

- '관철'을 사용하여 문장을 만들어 보자.

- 내가 무언가를 관철시킨 경험을 이야기해 보자.

또 어떤 동물들은 "우리가 죽고 난 뒤의 일에 **노심초사**할 게 뭐야?"라거나 "그 반란이 이와 일어나기로 되어 있다면 우리가 준비하건 않건 무슨 차이가 있어?" 같은 질문도 내놓았다. (2)

- '노심초사'의 뜻을 찾아 적어 보자.

- '노심초사'를 사용하여 문장을 만들어 보자.

그들은 동물들이 그런 식으로 행동하는 걸 일찍이 본 적이 없었고 그동안 자기네 마음대로 매질하고 학대해 온 짐승들의 그 난데없는 **봉기**에 파랗게 질려 거의 **혼비백산**이었다. 그들은 이리저리 몸을 막아보려다가 그것도 잠시, 마침내 모든 걸 포기하고 **줄행랑**을 놓았다. (2)

- '봉기'의 뜻을 찾아 적어 보자.

- 역사적인 봉기의 예를 들어보고 그 원인을 조사해 보자.

- '혼비백산'의 한자어의 원래 뜻을 알아보자.

- ‘혼비백산’의 뜻과 자신의 혼비백산 경험을 적어 보자.

뜻

경험

- ‘줄행랑’의 어원과 뜻을 찾아보자.

어원

뜻

- 36계 줄행랑이란 말의 어원을 조사해 보자.

눈에 들어오는 것은 모두 그들의 것이었다. 그 생각을 하자 동물들은 **신명**이 나서 깡충대기도 하고 흥분을 참지 못해 허공으로 뛰어오르기도 했다. (2)

• '신명'의 뜻을 찾아 적어 보자.

• '신명'을 사용하여 문장을 만들어 보자.

잠시 생각한 끝에 돼지들은 양동이를 가져오게 해서 제법 솜씨 있게 젖을 짰다. 돼지 발굽은 그 일을 하는 데는 아주 **안성맞춤**이었다. (2)

• '안성맞춤'의 단어 유래를 찾아보자.

• '안성맞춤'의 뜻을 찾아 적어 보자.

• '안성맞춤'을 사용하여 문장을 만들어 보자.

동물농장 근처에는 두 개의 농장이 인접해 있었는데 다행히도 그 두 농장의 주인들은 서로 영원한 **앙숙**이었다. (4)

- '앙숙'의 뜻을 찾아 적어 보자.

- '앙숙'을 사용하여 문장을 만들어 보자.

- 앙숙관계의 예를 찾아보자.

거기선 동물들이 서로 잡아먹고 벌겋게 불에 달군 쇠발굽으로 서로를 고문하고 암컷들은 모두가 공유한다는 것이었다. 그게 바로 자연법칙을 거스른 반란의 당연한 **귀결**이라고 두 사람은 말했다. 하지만 이런 얘기들이 모두 **액면** 그대로 받아들여진 건 아니었다. (4)

- '귀결'의 뜻은?

- '귀결'을 사용하여 문장을 만들어 보자.

- '액면'의 뜻을 찾아 적어 보자.

- 액면 그대로 받아들여지지 않는 경우의 실례를 들어 보자.

'동물 영웅 이등 훈장'은 죽은 양에게 **추서**되었다. 이번 전투에 무슨 명칭을 붙일까를 놓고 한참 토론이 벌어진 끝에 '외양간 전투'라 부르기로 **낙착**되었다. **매복**작전이 전개된 곳이 외양간이었기 때문이다. (4)

- '추서'의 뜻을 찾아 적어 보자.

- 훈장이 추서되는 경우는 언제인가?

- '낙착'의 뜻을 찾아 적어 보자.

- '낙착'을 사용하여 문장을 만들어 보자.

- '매복'의 뜻을 찾아 적어 보자.

- '매복'을 사용하여 문장을 만들어 보자.

나폴레옹은 스노볼의 행위를 전면 조사한다고 선포했다. 그는 농장의 모든 건물과 축사들을 자세히 조사한다며 개들을 거느리고 **시찰**에 나섰다. 다른 동물들은 **불경**스럽지 않게 일정한 거리를 두고 그 뒤를 따랐다. (7)

- '시찰'의 뜻을 찾아 적어 보자.

- '시찰'을 사용하여 문장을 만들어 보자.

- '불경스럽다'의 뜻을 찾아 적어 보자.

- 부모님과 어른께 불경스러운 언행에는 어떤 것이 있을까?

"우리는 스노볼이 허영과 야심 때문에 반란을 **획책**했다고만 생각하고 있었소. 스노볼은 처음부터 존즈와 동맹을 맺고 있었던 겁니다. 그는 그동안 줄곧 존즈의 **밀정**이었소. 이 사실은 스노볼이 남기고 달아난 문서에서 밝혀진 겁니다." (7)

- '획책'의 뜻을 찾아 적어 보자.

- '획책'을 사용하여 문장을 만들어 보자.

- '밀정'의 뜻을 찾아 적어 보자.

- '밀정'의 비슷한 말을 써 보자.

하지만 나폴레옹은 프레데릭의 **농간**에 말려들 바보가 아니었다, 그는 목재 값을 5파운드짜리 진짜 화폐로 지불토록 요구했고 지불이 끝나야 목재를 넘겨준다고 못박았다 한다.(8)

- '농간'의 뜻을 찾아 적어 보자.

- '농간'을 사용하여 문장을 만들어 보자.

나폴레옹과 복서는 동물들이 흩어지지 않게 **규합**하느라 필사적으로 노력했지만 동물들은 얼마 버티지 못하고 침략자들에 밀려 후퇴했다. (8)

- '규합'의 뜻을 찾아 적어 보자.

- '규합'을 사용하여 문장을 만들어 보자.

하지만 고달픈 일들이 많다 해도 지금 농장의 삶은 과거에 비해 훨씬 품위 있는 것이었고 이는 동물들의 고달픔을 일부 **상쇄**해 주었다.(9)

- '상쇄'의 뜻을 찾아 적어 보자.

- '상쇄'를 사용하여 문장을 만들어 보자.

자기가 언젠가 한번 하늘 높이 날다가 실제로 그 나라에 들어가 본 적이 있고 거기서 **사시장철** 클로버와 아마씨 케이크가 자라는 풀밭과 각설탕이 자라는 울타리도 제 눈으로 보았다고 그는 말했다.(9)

- '사시장철'의 뜻을 찾아 적어 보자.

- '사시장철'을 사용하여 문장을 만들어 보자.

- '사시장철'의 비슷한 말을 적어 보자.

〈내용 응용력〉

클레멘타인과 라 쿠카라차의 노래를 들어 보자. (1)

- 이 두 노래가 만들어진 배경을 조사해 보자.

  클레멘타인

  라쿠카라차

- 각 곡의 멜로디에서 느껴지는 정서는 무엇인가?

  클레멘타인

  라쿠카라차

• 클레멘타인과 라 쿠카라차의 중간쯤 되는 노래는 어떤 멜로디인지 흥얼거려 보자.

• 여러분이 ‘잉글랜드의 짐승들’의 가사에 어울리는 곡을 선정한다면 어떤 음악을 추천하고 싶은가? 그 이유는?

⦿ 돼지들은 자신들이 사과와 우유를 차지하는 것에 대해 변명하기 위해 스퀼러를 내세운다. 스퀼러는 다음과 같이 말했다.

> "동물들, 여러분은 설마 우리 돼지들이 저들끼리만 잘 먹고 잘 살기 위해서, 또는 무슨 특권을 행사하기 위해서 그러는 것이라 생각하진 않겠지요? 사실은 우유, 사과를 싫어하는 돼지들도 많아요. 나도 싫어합니다. 그런데도 돼지들이 우유와 사과를 가져가는 것은 건강 유지를 위해서입니다. 우유와 사과에는 돼지 건강에 절대적으로 필요한 물질들이 포함되어 있지요. 동무들, 이건 과학적으로 밝혀진 일입니다. 우리 돼지들은 머리 쓰는 노동에 종사하고 있습니다. 이 농장의 경영과 조직은 전적으로 우리 돼지들에게 달려 있습니다. 우리는 밤낮으로 동물들의 복지를 보살펴야 합니다. 그러므로 돼지들이 우유를 마시고 사과를 먹는 것은 바로 여러분의 이익을 위해서입니다. 돼지들이 그 의무를 수행하지 못하면 어찌 되는지 아십니까? 존즈가 다시 오게 돼요, 존즈가! 그러니까 동무들, 여러분 중에 설마 존즈가 되돌아오길 바라는 분은 없겠지요?" (3)

• 여러분은 스퀼러의 주장이 합리적이라고 생각하는가? 그의 말의 모순을 지적해 보자.

- 이전 메이너농장에서는 존즈가 암탉의 먹이에 가끔 우유를 타 주었다. 다른 동물들은 왜 돼지들의 결정에 아무도 이의를 제기하지 않았을까?

- 내가 동물농장의 동물이라면 스퀼러에게 어떤 질문을 하고 싶은가?

- 돼지들만이 우유와 사과를 독차지하는 결정에 대해 비판해 보자.

- '나' 라면 농장의 우유와 사과를 어떻게 사용하고 싶은가?

스퀼러는 인간과 장사를 하지 않는다거나 돈을 사용하지 않는다는 결의안은 통과된 적이 없으며 그런 안조차 제기된 적이 없다고 변명한다. 실제로도 동물들과의 약속이었지 문서 기록으로 존재하지 않는다는 건 사실이었다.

- 일상생활에서 구두 약속이 아닌 문서 약속을 해야 한다고 생각되는 다양한 경우를 제시해 보자.

다음은 대입 수시를 본 한 고등 학생이 내린 리더의 정의이다.

"리더란 다른 사람과 잘 어울리면서 자신을 드러내지 않고 집단 속에 녹아드는 사람"이다.

• 여러분이 생각하는 리더의 정의는?

⊙ 여러분은 리더의 어떠한 면을 가장 높이 평가하고 있는지 말해 보자.

• 리더의 책임과 의무는 무엇인가?

• 리더 이외의 구성원의 책임과 의무는 무엇인가?

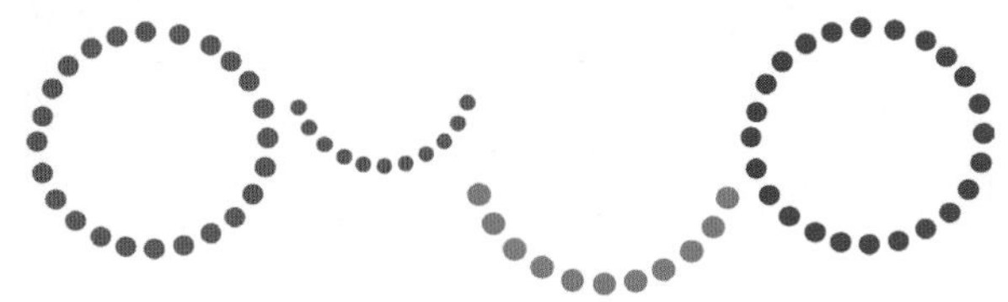

⊙ 존 맥스웰의 『10가지 청소년 리더십』에 나오는 글이다.

두목 행세를 하는 리더	돌보고 배려하는 리더
사람들에게 해야 할 일을 지시한다.	사람들이 꼭 알아야 할 것들을 가르쳐 준다.
자신의 힘을 믿고 밀어붙인다.	좋은 인간관계를 믿고 일을 한다.
다른 사람들이 자신을 무서워하게 만든다.	사람들이 일을 보고 신이 나게 한다.
전체보다 자신을 더 생각한다.	자신보다 전체를 먼저 생각한다.
일이 잘못되었을 때는 다른 사람을 탓한다.	문제를 해결할 방법을 찾는다.

- 나는 어떤 리더의 모습을 가지고 있는지 자기자신과 대조해 보고 자신의 리더십의 강점을 적어 보자.

4단계 분석력

스노볼과 나폴레옹 둘 다 동물들의 교육에 관심이 많았다. 둘은 어떤 방식으로 교육을 했는지 그 차이점을 비교해 보자. 현재의 어떤 교육 기관과 유사한가? (3)

	스노볼	나폴레옹
교육 방식		
이 유		
현재 교육 기관		

스노볼과 나폴레옹은 언제나 의견이 맞지 않았다. 안건에 따른 그들의 정책을 비교·분석해 보자. (5)

	스노볼	나폴레옹
회의에서 차이점		
풍차분쟁 슬로건		
농장 방어 문제		

나폴레옹은 기존의 7계명을 필요에 따라 수정했다. 어떤 수정을 가했는지 적은 후 비교해 보자. 돼지들이 7계명 중 지킨 계율이 있는가? 마지막까지 남겨진 계명은 무엇인가?

7계명	개정된 7계명
1. 두 발로 걷는 것은 적이다.	
2. 네 발로 걷거나 날개를 가진 것은 친구다.	
3. 어떤 동물도 옷을 입어서는 안 된다.	
4. 어떤 동물도 침대에서 자서는 안 된다.	
5. 어떤 동물도 술을 마셔서는 안 된다.	
6. 어떤 동물도 다른 동물을 죽이면 안 된다.	
7. 모든 동물은 평등하다.	

- 돼지들이 7계명 중 지킨 계율이 있는가?

- 마지막까지 남겨진 계명은 무엇인가?

나폴레옹은 자신에게 충직한 동물들을 이용하여 다른 동물들이 항의하고 반항하지 못하게 만들었다. 각각의 동물은 어떤 역할을 했으며, 어떤 효과가 있었는가?

	역 할	효 과
스퀼러		
양 들		
개 들		

이문열 작『우리들의 일그러진 영웅』과 『동물농장』을 비교해 보자. 반장인 엄석대와 주인공 한병태는 동물농장의 어느 인물과 유사한가? 이 두 소설의 비슷한 점과 다른 점을 비교해 보자.

	동물농장	우리들의 일그러진 영웅
주제		
시대 상황		
주인공		
결말		

『동물농장』을 통해 연상되는 인간의 속성에 대한 단어들을 적어 보자.

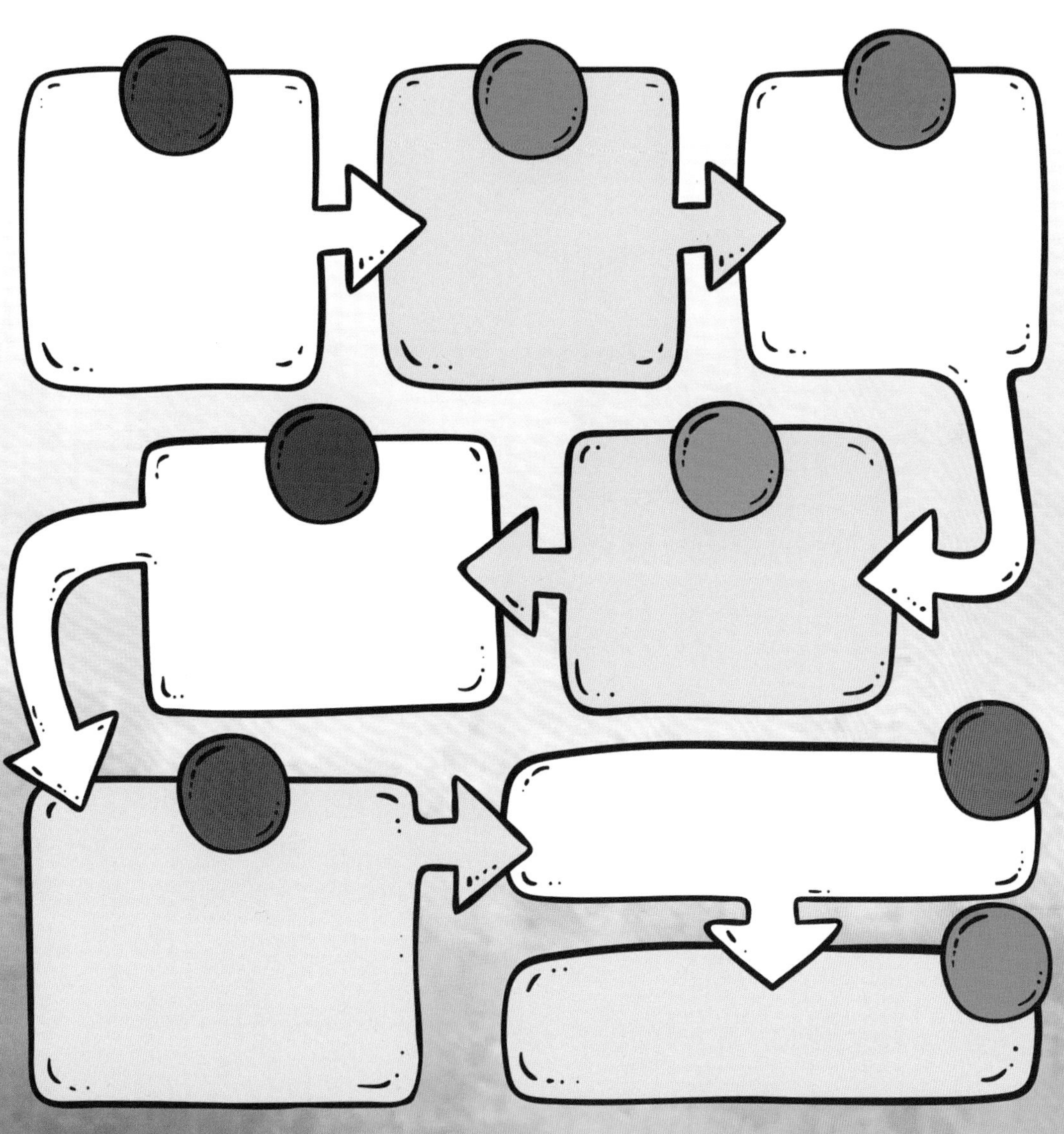

『동물농장』을 한 페이지 글로 요약·정리해 보자.

조지 오웰은 사회주의자였으나 소련의 공산주의를 접한 후 제국주의적인 태도와 검열에 불만을 가지고 스탈린 체제 소련을 풍자한 『동물농장』을 출간했다. 민주주의와 공산주의, 자본주의와 사회주의의 속성을 파악하고 비교해 보자.

민주주의

공산주의

자본주의

사회주의

5단계 평가력

각각의 인물의 성격을 분석·비평·평가해 보자

주인 존즈	
메이저 영감	
돼지 스노볼	
돼지 나폴레옹	
말 복서	
말 클로버	
당나귀 벤저민	
집까마귀 모지즈	
스퀼러	
흰 말 몰리	
개들	
양들	
미니무스	
프레드릭	
필킹턴	

스노볼과 나폴레옹은 서로 다른 통치 기술을 가지고 있었다. 그들의 리더십을 분석하고 평가해보자.

	스노볼	나폴레옹
인성		
조직화 능력		
소통 능력		
윤리성		
배우는 자세		
비전 (장기 계획)		

스노볼의 리더십

나폴레옹의 리더십

⊙『동물농장』의 인물과 사건은 시대적 정치 현실의 기록과 증언으로 판명할 수 있다.
(『동물농장』 민음사. 작품 해설 참고)
인물과 사건에 대해 탐색해 보고 역사적 시대상을 비평해 보자.

존즈	러시아 황제 니콜라스 2세
메이저	마르크스
나폴레옹	스탈린
스노볼	트로츠키
돼지들	볼셰비키
복서	프롤레타리아트
동물반란	러시아혁명
모지즈	러시아 정교
몰리	러시아 백인/백군
스퀼러	프라우다
개들	비밀경찰
양들	선전대
미니무스	마야코프스키
필킹턴	영국
프레드릭	독일
농장 본채	크렘린
동물재판	모스크바 재판
동물 학살	스탈린 시대의 대숙청
외양간 전투	1918~1919년의 연합군 침공
풍차 전투	1941년 독일의 러시아 침공
풍차	소비에트의 5개년 계획들
잉글랜드 짐승들 노래	인터내셔널가

“나는 역사 비평가”

시대와 나라를 선정하여 역사적 사건의 원인과 결과, 과정을 비평해 본다.

- 시대 / 연도

- 국가

- 역사적 사건

⊙ **모세의 십계명은 이집트에서 탈출한 이스라엘 민족이 자신들의 고유성을 유지하는 규율로 후대 이스라엘 율법의 기초가 되었다. 동물농장의 7계명과 비교해 보고 두 규율에서 강조하고 있는 것들 중에서 같은 점과 다른 점을 찾아 보자.**

– 모세의 10계명 –

1. 너희는 내 앞에서 다른 신들을 섬기지 못한다.
2. 너희는 너희가 섬기려고 위로 하늘에 있는 것이나, 아래로 땅에 있는 것이나, 땅 아래 물속에 있는 어떤 것이든지, 그 모양을 본떠서 우상을 만들지 못한다.
3. 너희는 주 너희 하나님의 이름을 함부로 부르지 못한다. 주는 자기의 이름을 함부로 부르는 자를 죄 없다고 하지 않는다.
4. 안식일을 기억하여 그날을 거룩하게 지켜라.
5. 너희 부모를 공경하여라. 그래야 너희는 주 너희 하나님이 너희에게 준 땅에서 오래도록 살 것이다.
6. 살인하지 못한다.
7. 간음하지 못한다.
8. 도둑질하지 못한다.
9. 너희 이웃에게 불리한 거짓 증언을 하지 못한다.
10. 너희 이웃의 집을 탐내지 못한다. 너희 이웃의 아내나 남종이나 여종이나 소나 나귀나 할 것 없이, 너희 이웃의 소유는 어떤 것도 탐내지 못한다.

– 동물농장 7계명 –

1. 무엇이건 두 발로 걷는 것은 적이다.
2. 무엇이건 네 발로 걷거나 날개를 가진 것은 친구이다.
3. 어떤 동물도 옷을 입어서는 안 된다.
4. 어떤 동물도 침대에서 자서는 안 된다.
5. 어떤 동물도 술을 마시면 안 된다.
6. 어떤 동물도 다른 동물을 죽여서는 안 된다.
7. 모든 동물은 평등하다.

- 같은 점

- 다른 점

-순 서-

판정인을 홀수로 선출한 후 팀별로 나눠 팀장을 선출한다.

팀별로 그들의 입장과 근거를 제시한다.

필요하다면 반론을 준비할 시간을 준다.

반론을 펴고 반론을 반박한다.

최종 변론을 통해 자신들의 주장을 설득한다.

판정팀은 판결 결과를 발표하고 그 이유를 설명한다.

〈토론하기 1〉

농장을 지키는 방법에 있어서 스노볼은 많은 수의 비둘기를 밖으로 보내 다른 농장의 반란을 도와야 한다고 주장하고, 나폴레옹은 당장 동물들이 총을 구입해 사용법을 익혀야 한다고 주장한다. 실제로 우리나라에서 민간단체가 주도하여 '대북 풍선 보내기'를 진행하기도 했으며, 이스라엘에서는 국민들이 총을 제대로 다룰 수 있는 전투 능력을 갖추고 있다. 여러분은 스노볼과 나폴레옹의 주장 중 어느 쪽에 찬성하는가?

토론 주제)

외세의 침투에 대비하는 방안

자신의 견해

찬성 측 근거

반대 측 근거

1.

2.

3.

반대 측 반박

찬성 측 반박

1.

2.

3.

찬성 측 최종 변론

반대 측 최종 변론

1.

2.

3.

판정인 견해

〈토론하기 2〉

OECD 비즈니스·산업자문위 교육 부위원장인 찰스 파델 박사는 "세계화 시대에 역사는 각 국가와 민족 사회의 공통분모로 글로벌리즘의 필수조건"이라고 말했다. 그는 "미래를 지향하는 관점에서 역사를 과거의 것으로 생각하기 쉽지만 역사는 우리가 나아가야 할 길을 제시해 준다. 역사는 단순한 지식을 넘어 온고지신(溫故知新)의 역사적 안목을 기르는 힘을 제공한다."라고 강조했다. "정확한 지식을 가르치는 것이 첫 번째이며 정치적인 이유로 사실이 왜곡돼선 안 된다. 교육 방식도 교사의 일방적 가르침이 아니라 멘토가 멘티를 코치해 주는 방식으로 바뀌어야 한다. 단순 암기에 그치지 않고 실제 생활에 활용할 수 있는 스킬(기술)을 기르는 것도 중요하다."라며 역사 교육의 방향성을 제시했다.

토론 주제)

역사 교육의 당위성: 역사 교육을 통해서 얻게 되는 힘과 안목에 대한 주장과 근거를 제시해 보자.

〈토론하기 3〉

최근 우리나라에서는 우위에 있는 자가 하위에 있는 자에게 부당한 권력을 행사하는 것을 '갑질'이라고 칭하며, 이에 대한 사회적 비난이 커지고 있다. 통상 계약의 당사자를 순서대로 갑(甲), 을(乙)로 지칭하여, 우위인 측을 갑이라 하고 상대방을 을이라 하는 데서 생긴 말이다. 『동물농장』을 통해서도 권력을 가진 자의 특권의식을 통한 악습은 되풀이되었다. 우리나라에서 보이는 갑질문화의 문제점과 원인 그리고 해결책을 토론해 보자.

토론 주제)

갑질문화 근절 방안

⊙ 평등(Equality)과 공정(Equity)의 차이를 분석해 보자.

⊙ 평등해야 하는 경우와 공정해야 하는 경우의 예를 찾아 보자.

⊙ **다음의 예는 평등과 공정 중 어디에 해당되는가? 올바른 결정인지 판단해 보자.**

- 지위 고하를 막론하고 65세 이상 노인 지하철 무임승차

- 미국의 소수집단 우대정책(Affirmative action): 미국에서 인종, 성별, 종교, 장애 등의 이유로 불리한 입지에 있는 사람들에게 혜택을 부여하여 차별을 줄이기 위해 시행하고 있는 조치다. 이 제도는 다양성을 존중하기 위해 필수적인 제도라는 주장과, 평등을 침해하는 악법이라는 주장이 엇갈린다.

⊙ **동물이 주인이 된 동물농장에서 오히려 더 심한 착취에 시달린다. 동물농장의 실패 원인과 자신이 생각하는 해결 방안을 제시해 보자.**

주제 : 동물농장을 통해본 평등사회

주장(한 줄 요약)

서론(문제점 제시)

본론(해결 방안과 근거)

결론(주장)

⊙ 존경하는 리더를 선정하여 그분의 리더십을 평가해 보자.

________________________ 리더십

6단계 창조력

내가 현재 속해 있는 가정, 집단이나 동아리, 사회 중에서 모든 조직원이 꼭 지켰으면 하는 규율을 만들어 보자. 다른 조직원의 참여를 구해 보자. 조직원들의 의견을 들은 후 규율을 수정해 보자. 그리고 조직원의 동의를 구해 보자.

단체명 ______________________

	규율(수정 전)	규율(수정 후)
1.		
2.		
3.		
4.		
5.		
6.		
7.		

규율 제안자 이름______________________

규율 동의자 사인______________________

지금부터, 여러분이 다니는 공동체가 어떤 점에서 공정한지 못한지 생각해 보고, 각자의 위치에서 그것을 어떻게 해결할 수 있는지 방법을 구체화해 보자.

- 리더는 어떤 역할을 해야 할까요?

- 리더는 어떤 방법으로 선출되어야 할까?

- 구성원을 어떻게 화합시킬 수 있을까?

어떻게 하면 따돌림이나 기 싸움 없이 모두가 평등한 조직을 만들 수 있을지 방안을 만들어 보자. 리더의 요건과 역할, 조직원의 책임, 문제 상황의 대처 방법 등을 강구해 보자.

미국의 드류 더들리는 "Everyday Leadership" TED 연설에서 리더십이란 대단한 일을 하는 것이라는 통념에 도전해야 한다고 말했다. 그는 자신의 말이나 행동으로 누군가의 삶을 송두리째 바꿔놓은 경험을 통해 세상을 바꾸는 위대한 일이 리더십이 아니라 누군가의 삶을 더 나아지도록 돕는 매일매일의 일과가 더 좋은 세상을 창조하는 리더십이라고 강조했다.

- 내가 매일매일 가정과 이웃, 학교와 단체에서 어떤 선한 영향력을 미칠 수 있는지 작성해 보자.

'나의 리더십'에 대해 적은 후 발표해 보자.

__________________________ 리더십

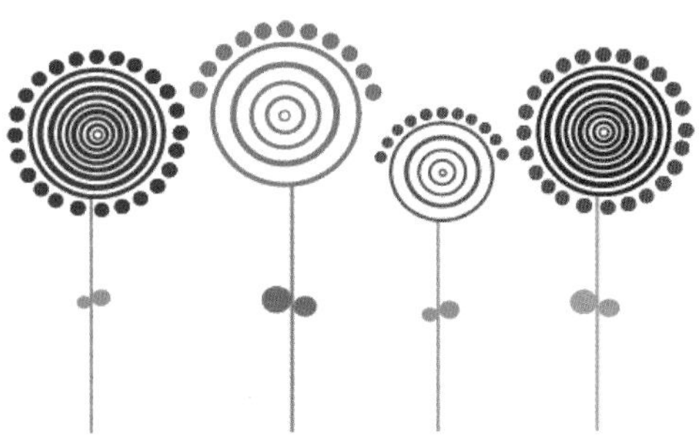

〈 서평 쓰기 〉

–『동물농장』을 읽고 –

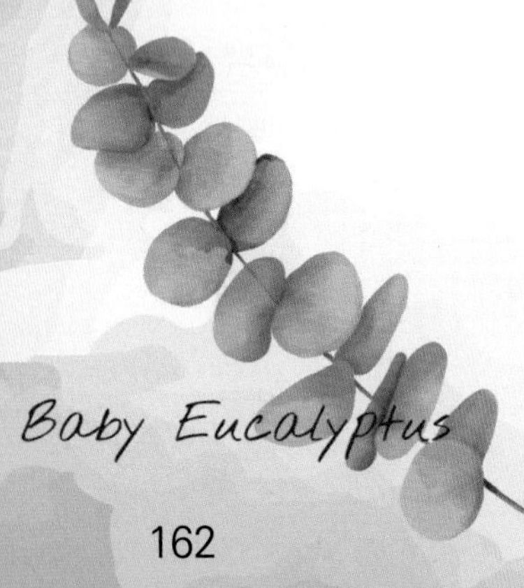

『동물농장』에 대하여…

조지 오웰은 영국의 가장 위대한 전후 작가로, BBC에서는 지난 천 년 동안 가장 위대했던 영어 작가 3위로 선정했다. 『동물농장』은 타임지 선정 100대 영문 소설, 뉴스 위크지 선정 100대 명저로 꼽히고 있으며 인간의 탐욕과 권력 동조 현상에 대한 그의 예리한 지적은 시대를 관통하고 있다.

글의 말미에 1943년 11월~1944년 2월의 집필 날짜가 쓰여 있다. 조지 오웰은 "『동물농장』은 내 평생에 피땀을 쏟아부은 유일한 작품이다." 라고 말했다. 나는 그의 피땀을 쏟는 작품에 대한 열정에 경의를 표하는 반면에 이런 작품을 불과 석 달 만에 탈고한 그의 천재성에 경외감이 든다.

오웰은 1944년 2월 『동물농장』을 탈고했지만, 영미의 수많은 출판사는 스탈린 체제의 실상을 노골적으로 풍자한 소설의 출판을 거부했다. 탈고 후 약 1년 반이 지나서 간신히 출판되었다. 그는 동물을 통해 계급의식과 특권의식을 통한 권력의 남용과 개인의 자유와 평등을 지배하는 전체주의의 모순을 신랄하게 비판한 결과다. 다행히 그의 전작인 『카탈로니아 찬가』를 출간한 섹커 앤드 와버그 출판사가 그의 구원투수이자 행운아가 된 셈이다. 이 인연으로 조지 오웰의 후속작 『1984』의 출판권도 획득하게 된다.

『동물농장』은 어린 시절 단순한 동물들의 이야기로 읽힐 작품이 아니다. 문맥과 연결된 인물과 사건의 내포된 상징성을 이해하고 정치와 권력의 상관관계를 통한 지배층과 비지배층의 인간 속성의 풍자를 비판적 사고로 해석할 수 있는 수준의 독서력을 요구하는 작품이다. 나 역시 어린 시절 어린이 문고에 꽂혀 있던 세계문학전집의 하나로 읽은 후 한참 성인이 되어서야 다시 『동물농장』을 손에 쥐었고 비로소 조지오웰의 『동물농장』을 이해하게 되었다는 것이 나의 순전한 고백이다.

조지 오웰은 나폴레옹이 자신에게 맞서던 스노볼을 내쫓고 권력을 가진 뒤에는 오히려 그 힘을 남용하고 민중을 착취하는 모습에서 구소련의 스탈린 독재체제를 비판했다. 권력을 가진 지도자가 자신의 비호 세력을 육성하여 공포정치를 일삼으며 민중을 속이는 핍박정치를 통해 개인은 국가를 위해 희생시키는 전체주의의 모순을 고발했다. 무조건적으로 지배자를 숭배하는 무지함과 공포와 권력에 항거하지 못하는 비굴함, 자신에게 이익이 생기는 일이 아니면 폭력에 방관하는 무책임한 동물들의 모습은 어쩌면 현 시대의 우리 모습의 자화상이다.

늙은 메이저의 '잉글랜드의 짐승들'에 나오는 미래에 올 그 황금의 날은 찾아오지 않았으며 까마귀 모지즈가 버릇처럼 말하는 '슈가캔디 마운틴'이라는 하늘나라 이야기는 인간이 꿈꾸는 저승의 천국처럼 이상 국가 유토피아(Utopia)에 대한 환상인지 모른다. 조지 오웰은 사회주의를 표방한 독재 전제 정치의 디스토피아(Dystopia)를 비판함으로써 스탈린 체제의 모순을 세상에 알리는 전파자 역할을 한 셈이다.

조지 오웰의 '나는 왜 쓰는가'에 따르면 그는 대여섯 살 때 이미 자신이 나중에 커서 작가가 될 것임을 알아챘다. 그는 열일곱 살부터 스물네 살까지의 청소년 기간에 작가의 직업을 포기하려 했지만 그는 자신의 진정한 본성에 어긋나는 짓임을 깨달았다. 그리고 그는 글 쓰는 일 중에서 자신이 한 일이나 본 것을 열심히 묘사하는 재주가 있다는 것을 알았다. 그래서인지 그는 『동물농장』에서 세밀한 관찰력을 바탕으로 인간의 본성을 꼼꼼하게 묘사했다.

조지 오웰은 작가에 따라 그 정도는 다르지만 글 쓰는 데 크게 네 가지가 있다고 지적했다. 첫째는 남들보다 똑똑해 보이고 사람들 입에 오르내리는 사람이 되고 싶은 순전한 이기심이다. 둘째, 말의 아름다움과 말의 적절한 배열이 지니는 아름다움을 지각하고 인지하는 미학적 열정이다. 셋째는 사물이나 사건을 있는 그대로 진실한 사실들을 발견하여 후대를 위해 이것들을 모아두려는 욕망이며, 넷째는 세상에 대한 문제를 제기하고 다른 사람들의 생각을 바꿔보려는 정치적 목적이다.

조지 오웰은 가난을 경험하고 실패를 맛보았으며 노동자 계급의 삶을 실제로 살아가면서 자연스레 생겨난 권위에 대한 불만과 증오를 작품으로 승화시킨 셈이다. 그의 삶과 시대적 상황이 앞에서 말한 작가로서의 네 가지 동기 중 정치적 목적을 반영한 작품 쓰기에 골몰

하게 만들었다. 조지 오웰이 책을 쓰는 이유는 자신이 폭로하고 싶은 체제의 거짓말을 폭로하는 것이며, 일차적 관심은 사람들이 그의 글의 진실에 귀 기울이게 하는 일이었다.

조지 오웰은 자신이 추구하는 정치적인 목적에 예술성을 가미하고 싶었고 정치적 글에 저항할지도 모를 사람을 위해 동물을 등장시켜 우화로 만들었는지 모른다. 그는 좋은 산문은 창유리와도 같다고 말했다. 자신의 글에 정치적 목적이 결여되었다면 의미 없는 문장과 생명력 없는 글들을 쓰며 허튼소리를 하는 일이라고 고백했다. 세상 사람들에게 구소련 스탈린 체제의 모순을 알리고자 한『동물농장』과『1984』가 그의 대표적 걸작으로 인정받는 것을 보면 그는 정치적 목적에 충실했던, 성공한 작가임에 틀림없다. 그가 의도한 대로『동물농장』은 시대를 초월하여 전 세계인에게 사랑받고 읽히는 명작이 되었다.

최 혜 림

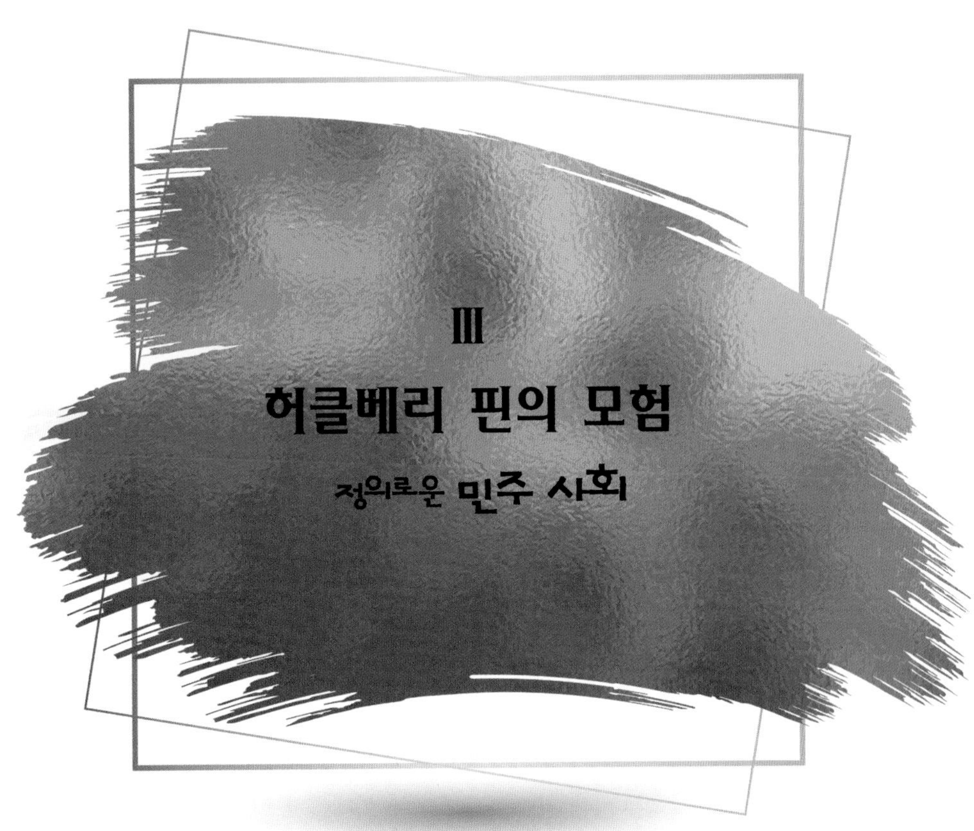

Ⅲ

허클베리 핀의 모험

정의로운 민주 사회

마크 트웨인(1835년 11월 30일 ~ 1910년 4월 21일)

마크 트웨인은 필명으로 본명은 새뮤얼 랭혼 클레먼스다. 마크 트웨인은 미국 플로리다에서 태어났다. 유년 시절에 가족이 미시시피 강변의 소도시로 이사를 갔고 깊은 인상을 남긴 미시시피강 주변의 자연을 배경으로 『톰 소여의 모험』, 『허클베리 핀의 모험』, 『미시시피강의 생활』 등 자전적 소설을 썼다.

마크 트웨인은 계몽주의자로서 제국주의에 강하게 반대했으며, 여성의 권리 신장과 노예제도 철폐를 지지했다. 기독교에 대해서도 비판적이었던 그는 특히 기독교의 해외 선교가 사실상 제국주의 침탈과 연관되어 있다는 점을 지적했다. 그는 사회 풍자가로서 남북 전쟁 후에 사회 상황을 풍자한 『도금 시대』와 에드워드 6세 시대를 배경으로 한 『왕자와 거지』 등을 저술했다.

어니스트 헤밍웨이는 "미국의 모든 현대문학은 마크 트웨인의 『허클베리 핀의 모험』으로부터 나왔다. 그전에는 아무것도 없었고, 그 후로도 없었다."라고 칭송했다. 『허클베리 핀의 모험』은 주인공 헉이 흑인 짐과 미시시피강을 뗏목으로 건너며 일어나는 사건을 통해 미국인의 자화상을 신랄하게 풍자하고 있다. 미국의 당시 사회상과 미국인의 자유와 평등에 대한 미래 지향적 가치관을 표명함으로써 가장 미국적인 소설로 평가받고 있다.

- 마크 트웨인은 소설 속에서 평범한 어린 소년인 헉을 통해 미국 사회의 모순을 고발하고 개선되기 바라는 마음을 보여 주고 있다. 당대 미국의 시대적 상황과 그 사회에 만연했던 풍토를 조사해 보자.

- 『허클베리 핀의 모험』의 첫 장에는 다음과 같은 경고문으로 시작된다. 작가가 다음과 같은 경고문을 쓴 이유는 무엇일까?
  "이 이야기에서 동기가 무엇인지 알려고 드는 자는 처형될 것이며, 도덕적 교훈은 무엇인지 찾으려는 자는 추방될 것이며, 작품의 플롯을 찾으려 하는 자는 총살당할 것이다."

1단계 기억력

- 1장에서 서술하는 『톰 소여의 모험』의 책 내용을 간추려 보자. (1장)

- 헉이 더글러스 아줌마의 집에서 도망쳐 나온 이유는 무엇이며, 다시 집으로 돌아가게 된 계기는 무엇인가? (1장)

- 왓슨 아줌마가 말하는 천국은 어떤 곳이며, 헉이 천국에 가는 것에 대해 재미를 느끼지 않는 이유는 무엇인가? (1장)

• 톰과 헉은 자정이 지나 서로 만나기 위해 어떤 방법을 썼는가? (1장)

• 한밤중에 집을 빠져나온 헉이 넘어지는 소리에 검둥이 하인 짐이 밖으로 나와 소리날 때까지 지켜보다가 잠이 든다. 톰은 몰래 부엌에 들어가 무엇을 가지고 나왔으며, 짐에게 어떤 장난을 쳤는가? (2장)

• 짐은 톰의 장난으로 인해 이 지역에서 그 누구보다 존경받는 사람이 되었다. 그 이유는 무엇인가? (2장)

- 톰은 갱단을 조직하고 서약서를 꺼내 읽는다. 단원들이 헉을 단원에서 빼려고 한 이유는 무엇이며, 헉은 어떤 해결책을 제시하는가?(2장)

- 톰의 갱단은 무슨 일을 하는 조직으로 결성되었는가? (2장)

- 짐과 이야기를 마치고 방에 들어온 헉은 자신의 방에 들어온 아빠를 보고 놀란다. 헉의 아빠는 어떤 사람인지 묘사해 보자. (5장)

- 헉은 어떤 경유로 숲이 우거진 일리노이 주의 낡은 통나무집에서 아빠와 함께 살게 되었는가? (6장)

- 헉은 아빠가 없는 틈을 이용하여 도망을 친다. 그는 어떤 방법을 써서 탈출했는지 묘사해 보자. (7장)

- 헉은 잭슨섬에 도착하여 잠에서 깬 아침날 "꽝" 하는 소리를 듣는다. 사람들이 시신을 찾기 위해 사용하는 방법은 무엇이었나? (8장)

- 헉은 홀로 섬에 있다가 왓슨 아줌마의 노예인 짐을 만난다. 짐이 도망친 이유는 무엇인가?(8장)

• 짐은 섬에서 헉에게 여러가지 미신을 말해 준다. 그가 말한 징조나 액운 중에서 기억나는 것을 적어 보자. (8장)

• 헉과 짐이 섬에서 한 일 중 기억나는 일을 묘사해 보자. (9장.10장)

• 헉이 여장을 하고 마을에 들어간 이유는 무엇이며, 서둘러 잭슨 섬을 빠져 나온 연유는 무엇인가? (11장)

• 헉이 여장을 하고 마을의 한 집안으로 들어간다. 그 집 아주머니가 헉이 여자가 아닌 것을 어떻게 알아챌 수 있었나? (11장)

• 난파선에서 있었던 일과 큰 나룻배에서 있었던 일을 설명해 보자. (13장)

• 짐의 목적지는 어디이며 그곳으로 향하는 이유는 무엇인가? (15장)

• 헉은 여장을 하고 마을에 들어간 후 어떤 거짓 이름을 말했는가? 그리고 그랜저포드 대령의 집에서는 자신의 이름을 무엇이라고 둘러댔는가? (17장)

• 헉의 나이는 몇 살 정도로 추정되는가? (17장)

• 헉은 이번에도 자신의 이름이 떠오르지 않자 어떤 재치를 발휘하여 알아내는가? (17장)

• 그랜저포드 대령과 그의 가족에 대해 묘사해 보자.(18장)

• 공작은 자신이 인쇄했지만 우리 모두를 위한 것이라고 하면서 대가를 요구하지 않은 전단을 보여 준다. 전단에 그려진 그림과 쓰인 글을 묘사해 보자. (20장)

• 짐은 고향에 두고온 가족을 그리워하며 흐느낀다. 특히 엘리자베스에 대해 하나님께 용서를 구하며 죄책감을 느끼는 이유는? (23장)

• 짐을 뗏목에 혼자 둘 때면 묶어 두어야 하는 이유는 무엇인가? (24장)

• 혼자 있을 때 묶어 두어야 하는 짐을 위해 공작이 생각해낸 새로운 방안은 무엇인가? (24장)

• 왕과 공작은 시골 청년을 만나 피터 씨의 임종 소식을 듣는다. 그들은 어떠한 사기극을 도모하는가? (24장)

• 왕과 공작은 하비와 윌리엄으로 신분을 위장하여 사기를 친다. 지하실에 숨겨진 돈은 얼마이고 그 돈을 어떻게 했는가? (25장)

• 피터 윌크스와 절친한 의사 로빈슨은 왕과 공작이 사기꾼이라는 것을 어떻게 알아챘는가? (25장)

• 헉은 피터 윌크스의 집에서 사기 행각을 벌이는 왕과 공작을 보면서 헉은 감정이 어떻게 변했는가? (26장)

• 메리 제인과 그 동생들을 위해 헉은 어떤 결심을 하는가? (26장)

• 헉은 돈을 어디에 숨겨 두었는가? (27장)

• 왕과 공작이 비밀스럽게 소근거리더니 왕이 먼저 마을로 간다. 한참 후 공작과 헉은 마을로 들어가 왕을 찾아다녔다. 헉이 돌아와보니 짐은 사라져 버린 후였다. 짐은 어떻게 된 것인가? (31장)

• 헉은 톰 소여에게 편지를 써서 왓슨 아주머니에게 전해 달라고 해 볼까 생각한다. 하지만 두가지 이유 때문에 포기한다. 두 가지 이유는 무엇인가? (31장)

• 헉은 짐이 사라지고 나서 짐에 대한 생각이 떠올랐다. 짐에 대한 어떤 좋은 모습이 떠올랐는가? (31장)

• 짐이 팔려간 펠프스 씨 댁은 누구의 집인가? 집 주인은 헉을 누구로 알고 있는가? (32장)

• 톰을 만난 헉은 마치 총에 맞은 듯 순간적으로 정신이 혼미해졌다. 지금까지 살아오면서 가장 놀라운 말을 들었기 때문이다. 톰이 무엇이라고 말했는가? 그리고 그의 말에 헉은 왜 그렇게 놀랐을까? (33장)

• 샐리 이모는 톰에게 "므두셀라처럼"이라고 말하면서 성서에 나오는 인물을 인용해 말한다. 므두셀라가 상징하는 것은 무엇인가? (33장)

• 왕과 공작의 '전대미문의 연극' 사기 행각은 어떻게 결말이 지어졌는가? (33장)

• 헉이 끌려가는 왕과 공작이 불쌍하고 애처롭다고 여긴 이유는 무엇인가? (33장)

• 톰은 짐을 탈출시키는 일에 동참하기로 한다. 헉은 톰의 성격을 어떻게 묘사하고 있는가? (34장)

• 톰과 함께 잡혀온 짐을 사람들은 욕을 하고 머리를 쥐어박았다. 그들은 누구의 어떤 말을 듣고 짐에게 욕설을 퍼붓지 말자고 약속하는가? (42장)

• 이미 자유의 몸인 짐을 다시 자유롭게 해 준 다음의 톰의 계획을 열거해 보자. (마지막 장)

• 톰은 짐에게 왜 40달러를 주었는가? (마지막 장)

• 헉의 아빠는 어떻게 되었는가? (마지막 장)

2단계 이해력

- 헉은 더글러스 아줌마와 왓슨 아줌마가 믿는 종교를 풍자하는 말을 하고 있다. 그는 어떻게 풍자하고 있는가? (1장)

- 헉은 신의 섭리에는 두 가지가 있다고 결론지으면서 더글러스 아줌마의 섭리를 따르겠다고 결정한다. 왓슨 아줌마와 더글러스 아줌마의 신의 섭리의 차이점을 비교해 보자. (3장)

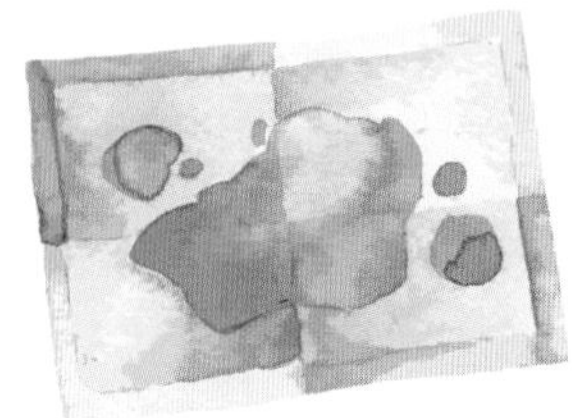

• 톰의 갱단이 실제로 한 강도 놀이와 의식을 설명해 보자. (3장)

• 톰과 헉은 둘 다 개구쟁이다. 그들은 비슷한 듯 하면서도 다른 속성을 보여 주고 있다. 강도 놀이를 하면서 보이는 톰과 헉의 다른 성격적 성향은 무엇인지 비교해 보자. (3장)

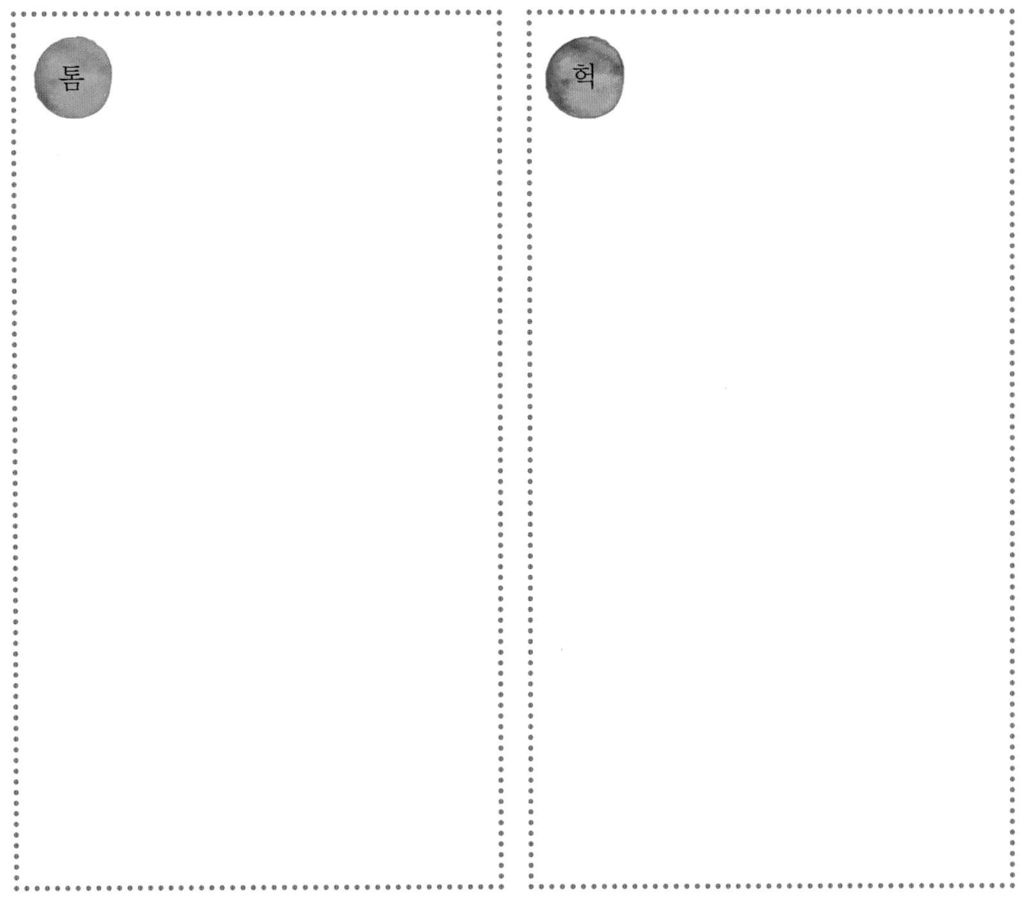

"깨어 보니 니가 옆에 무사히 있는 걸 보고 눈물이 막 쏟아졌어. 너무도 고마워서 무릎 꿇고 니 발에 입맞춤꺼정 할 수 있을 정도였어. 니가 생각한 것은 거짓말로 어떻게 이 늙은 짐을 골탕 먹이나 하는 거였어. 저기 쌓인 건 분명 쓰레기여. 쓰레기란 친구의 머리에다가 먼지를 덮어 씌어 그 사람을 창피스럽게 만든다는 뜻을 갖고 있는 거여." (15장)

- 헉은 안개가 가득하던 어느 날, 잔뜩 걱정했던 짐에게 장난으로 거짓말을 했을까?

- 짐이 헉의 거짓말에 서운해하는 이유는 무엇일까?

- 짐이 쓰레기의 뜻을 헉에게 말한 이유는 무엇인가?

- 헉은 이후에 어떻게 행동했는가?

- 헉이 깨닫게 된 교훈은 무엇일까?

짐이 거의 자유의 몸이 되었다는 사실을 생각하고 있자니 과연 그게 누구의 책임일까 하는 것이 떠올랐기 때문이다. 이렇게 하든 저렇게 하든 결국 내 책임이라는 생각을 떨쳐 낼 수 없었다. (16장)

- 헉이 자신의 책임이라고 생각하는 이유는 무엇인가?

- 헉이 양심의 가책으로 괴로운 이유는 무엇인가?

- 짐이 자유의 몸이 되어서 하고자 하는 일은 무엇인가?

- 짐을 신고하기로 결심한 헉이 마음을 바꾼 이유는 무엇일까?

- 헉은 총을 든 사람으로부터 어떻게 짐을 보호했는가?

"응 그런 것 같아. 삼십 년 전쯤에 시작됐다는데, 무슨 문제가 있었다나 봐. 그러다가 소송이 붙었대. 한쪽이 지게 되자, 이긴 쪽 사람을 총으로 쏴 죽였다네. 그건 당연한 거잖아. 누구라도 그랬을 거야."

"무슨 문제 때문이었대? 땅 문제인가?"

"글쎄, 난 잘 몰라." (18장)

- 헉과 짐의 여정에는 각종 에피소드가 등장한다. 작가는 그랜저포드 대령 집안과 셰퍼드슨 집안 간의 갈등을 통해 무엇을 말하고 싶은 것일까?

- 이 이야기는 어떻게 결말지어졌는가? 그리고 헉이 일말의 책임을 느낀 이유는 무엇인가?

- 다시 여정을 함께하게 된 헉과 짐은 뗏목 위에서의 생활이 그 어느 때보다 편안하다고 느낀다. 마을에서의 생활과 뗏목에서의 생활의 차이점은 무엇인가?

이 두 사람은 우리에게 이것저것 물으면서 왜 뗏목을 덮어서 숨겨 두었느냐, 왜 낮 시간에는 움직이지 않고 쉬고 있느냐, 혹 짐이 도망친 노예가 아니냐 등등 계속 물어 댔다.

"세상에, 남부로 도망치는 노예가 어디 있어요?"라고 내가 응수하자, 이들도 이를 수긍했다.(20장)

- 왕과 공작이 헉의 말에 바로 수긍한 이유는 무엇인가?

- 조그만 마을에 다다른 헉과 짐 그리고 왕과 공작 일행은 뗏목으로 돌아와 모금액을 계산해 보니 80달러 75센트나 되었다. 또 다른 수입으로 9달러 50센트를 벌었다. 어떻게 벌어들인 수입인가?

"너희들이 이곳으로 흘러들어 온 외롭고 불쌍한 여자들에게 타르를 바르고 깃털을 꽂는 짓을 했다고 해서 감히 사나이에게도 손을 댈 수 있다고 생각한단 말이지?"(22장)

- 타르를 바르고 깃털을 꽂는 짓은 무엇을 의미하는가?

"북부에서는 자기를 밟는 놈들을 그냥 내버려 둔 채, 집으로 돌아가 참을 인자를 구하는 겸손한 기도를 하는 인간 군상이 허다하다. 남부에서는 대낮에 혼자서 사람들로 가득 찬 역마차를 습격해 강도질을 일삼는다. 신문에서는 대담한 자들이라고 호들갑을 떨고 너희들도 정말 자신들이 누구보다도 용감하고 대범하다고 생각한다. 허나 실은 너희들도 남들 정도 용감할 뿐 더 용감한 게 아니다. 왜 배심원들이 살인자들을 교수형에 처하지 못하는지 아느냐? 그건 그놈의 친구들이 야밤에 숨어서 뒤에서 총질을 할까 봐 두려워하기 때문이다." (22장)

- 보그스를 총으로 쏜 셔번 대령이 한 말이다. 셔번 대령은 남부와 북부의 사람들의 성격적 차이를 어떻게 비교하고 있는가?

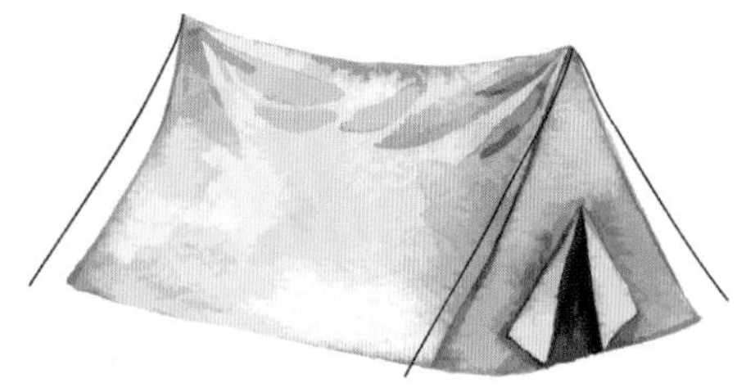

"이 세상에서 가장 불쌍한 놈들이 바로 너희 같은 폭도들이다. 군대도 마찬가지다. 타고난 용맹성 때문에 나가 싸우는 게 아니라 군중심리에 기대 용감해지는 것이고 장교들에 기대어 용감해진 것뿐이다. 하지만 선두에 사나이가 나서지 않는 폭도는 더욱 가관이다. 이제 네놈들에게는 꼬리를 내리고 집으로 기어들어 가는 일만 남았다. 진정 린치를 가하려거든 야밤에 찾아와 남부 놈들 방식으로 처리하기 바란다. 그리고 잊지 말고 복면을 챙기고 진짜 사나이를 앞세우고 나타나면 된다." (22장)

- 셔번 대령이 사람들에게 말하고 총을 집어 올리자 군중이 모두 사방으로 흩어진다. 사람들이 그의 말을 듣고 도망가는 이유는 무엇인가?

- 폭도들의 성격을 나타내는 단어들을 적어 보자.

- 조직도 목적도 없이 맹목적으로 모인 무리들을 일컫는 사자성어는?

"소리 지르시면 안 되고, 가만히 담대하게 제 이야기를 들으셔야 합니다. 사실을 이야기 할 테니 마음을 단단히 잡수셔야 합니다. 들으면 안 좋은 데다가 받아들이기도 힘드시겠지만 어쩔 수가 없습니다. 아가씨 삼촌들이라고 하는 자들은 실은 삼촌이 아니에요. 두 명 다 사기꾼입니다." (28장)

- 허클베리는 그동안 왕과 공작의 사기극에 아무런 조치를 취하지 않았으나, 이번에는 위험을 무릅쓰고 메리에게 진실을 말한다. 왜 그랬을까?

살면서 이처럼 어려운 곤경에 빠진 것도 처음이고 이렇게 공포감에 떨었던 적도 없었다. 내가 생각했던 것과는 딴판으로 사태가 진행되자, 나는 정신이 멍해졌다. 나는 앉아서 여유를 갖고, 진행되는 상황을 즐길 계획이었고, 상황이 위급해지면 메리 제인에게 나를 구해 달라고 말해 위험한 상황을 벗어나려고 생각했었다. (29장)

- 왕과 공작이 어떻게 가짜 하비와 윌리엄으로 판명날 수 있었는지 그 상황을 설명해 보자.

"좋아, 난 지옥으로 가겠어." 그러고는 편지를 북 찢어 버렸다.

무서운 생각이었고, 무서운 말이었지만 이미 내뱉은 뒤였다. 나는 그냥 내버려 두기로 했다. 그리고 더 이상 개과천선 같은 생각을 하지 않기로 했다. 이제 머릿속에서 모든 것을 잊기로 하고, 다시 내가 자라 온 방식으로 돌아가 나쁜 짓을 하기로 했다. 착한 짓 하는 건 내 방식이 아니었다. (31장)

- 왕은 결국 짐을 팔아버리고 만다. 헉은 양심에 대해 고민한다. 노예가 도망치는 것을 도와 준 죄를 지었다고 생각하기 때문이다. 헉은 지금 어떠한 심정의 변화를 느끼고 있는가?

- 헉의 나쁜 짓은 무엇이며, 정말 나쁜 짓인 것일까?

- 헉의 행동을 통해서 작가 마크 트웨인이 말하고 싶은 메시지는 무엇인가?

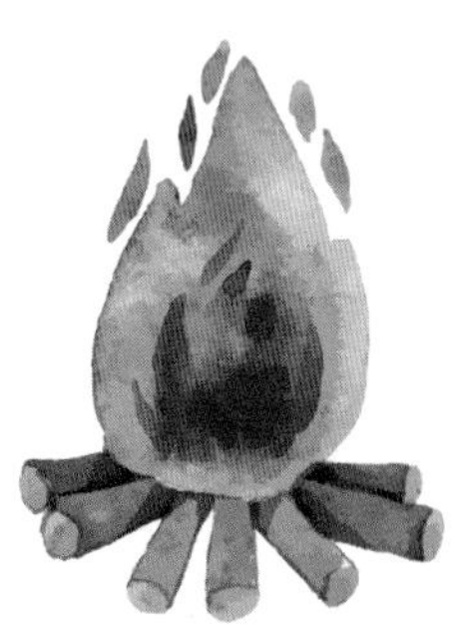

양심은 분별력이 없어서 무엇을 따지기 전에 그저 사람의 마음을 짓누르기만 할 뿐이다. 인간의 양심이라는 놈보다 더 분별력이 없는 그런 잡종견이 있다고 한다면 잡아다 그냥 독살시킬 것 같다는 기분이었다. 양심이란 건 인간의 오장육부보다 더 큰 공간을 갖고 있으면서도 아무런 쓸 데가 없다. 톰 소여도 나처럼 생각한다고 말했다. (33장)

- 헉이 생각하는 인간의 양심은 어떤 것인가?

- 내가 생각하는 인간의 양심에 대해 서술해 보자.

- 톰과 헉은 짐을 탈출시키기 위해 여러 가지 방안을 강구하여 시행한다. 그들의 탈출 계획의 전모를 요약해 보자. 그리고 탈출 방안에 필요하지 않은 일들은 어떤 것들인지 예시를 들어 보자. (35장~39장)

짐은 마음 안쪽이 하얗다는 것을 나는 알고 있었다. 그리고 짐이 그렇게 말하리란 걸 이미 알고 있었다.(40장)

• 마음 안쪽이 하얗다는 것은 무슨 의미인가? 그리고 헉은 왜 하얗다는 표현을 썼을까?

• 총을 맞은 톰을 본 짐은 어떤 마음이었을까? 그리고 짐은 어떤 결정을 내리는가?

폴리 아줌마는 왓슨 아줌마가 유언을 통해 짐을 풀어 준 일은 톰의 말이 맞다고 해 주었고, 결국 톰은 이미 자유의 몸이 된 검둥이를 다시 자유롭게 해 주기 위해 그런 힘들고 귀찮은 일을 한 셈이 된 것이다. 그때까지도 나는 어떻게 그렇게 잘 자란 톰 같은 아이가 남을 도와 검둥이를 해방시키는 일에 동참할 수 있는 건지 전혀 이해하지 못하고 있었다.(42장)

• 톰은 왜 힘들고 귀찮은 일을 한 것일까?

• 짐이 이미 자유의 몸이 되었다는 것을 알았기 때문에 톰이 짐의 탈출에 동참한 것인가? 짐이 자유의 몸이 아니더라도 톰은 짐과 헉을 도왔을지 추론해 보자.

3단계 응용력

〈어휘 응용〉

나는 벌떡 일어나 세 번 원을 돌면서 성호를 그어댔다. 마귀를 쫓기 위해 머리타래 몇 가닥을 잡아 실로 묶었다. 그래도 마음이 놓이지 않았다. 말 편자를 주웠을 때 문 위에다 못으로 박아 두지 않고 있다가 그만 잃어버렸을 경우 이런 방법을 쓴다는 말을 들었다. 과연 이 방법이 거미를 죽였을 때 나에게 닥칠 **액운**을 막는 데도 효과가 있을진 전혀 아는 바가 없었다. (1장)

- '액운'의 뜻을 찾아 적어 보자.

- '액운'을 사용하여 문장을 만들어 보자.

- 액운을 물리치기 위해 행하는 다양한 미신에 대해 알아보자.

식사 후 불안한 생각에 마음 졸이면서 밖으로 나왔다. 무슨 일이 내게 닥칠 것만 같았고, 내가 어떻게 될지 불안했다. 개중에는 막을 수 있는 **비책**이 있는 액운이 있긴 하지만 이번 것은 그런 액운이 아니었다. 하는 수 없이 그저 겁먹은 상태에서 주위만 살필 수밖에 없었다. (4장)

- '비책'의 뜻을 찾아 적어 보자.

- '비책'을 사용하여 문장을 만들어 보자.

- 내 자신만의 (예: 학습, 긍정심, 행복, 건강) 비책을 작성해 보자.

나의 ____________ 비책은 ___________________________________

나의 ____________ 비책은 ___________________________________

나의 ____________ 비책은 ___________________________________

어두워지자 불 옆에 앉아 담배를 피우면서 **유유자적**하게 시간을 보냈다. 하지만 시간이 흘러갈수록 혼자 심심해져서 강가로 나가 강물 흐르는 소리를 듣기도 하고, 흘러가는 유목과 뗏목이 몇 개나 되나 헤아리기도 하다가 결국 잠이 들고 말았다. 외로울 때는 잠자는 게 최고인 것 같았다. (8장)

- '유유자적'의 뜻을 찾아 적어 보자.

- 자신의 유유자적한 모습을 상상해 보자. 어떤 모습일지 말해 보자.

- 안빈낙도와 유유자적의 차이점이 무엇인지 알아보자.

안빈낙도

유유자적

내가 짐에게 일의 **자초지종**을 말해 주자, 그는 기막히다고 말하면서 아마 톰도 그렇게는 하지 못했을 거라고 떠들어 댔다. (8장)

- '자초지종'의 뜻을 찾아보자.

- '자초지종'을 사용하여 문장을 만들어 보자.

다시 공중으로 뛰어 발뒤꿈치를 부딪히더니, 또다시 **장황**하게 **너스레**를 떨었다. (16장)

- '장황하다'의 뜻을 찾아보자

- '너스레'의 뜻을 찾아보자.

- 16장에서 가장 황당하게 너스레를 떠는 장면의 문장을 찾아 적어 보자.

- '장황하게 너스레를 떨다'를 사용하여 문장을 만들어 보자.

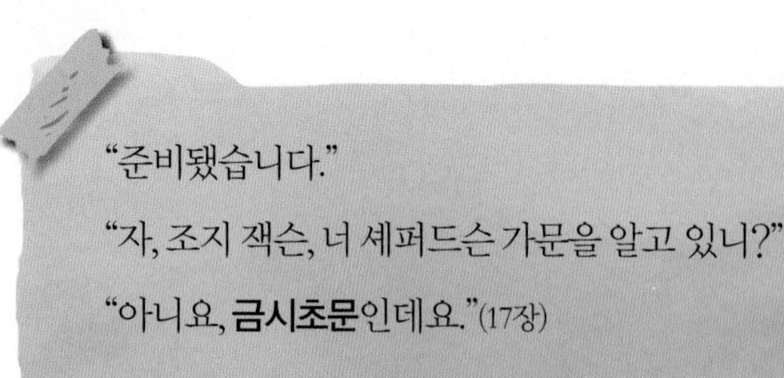

"준비됐습니다."

"자, 조지 잭슨, 너 셰퍼드슨 가문을 알고 있니?"

"아니요, **금시초문**인데요."(17장)

- '금시초문'의 뜻을 찾아보자.

- '금시초문'을 사용하여 문장을 만들어 보자.

"그러면 됐어. 왕은 한두 명이면 족혀. 그 이상은 곤란혀. 이 왕은 정말 **고주망태**고 저 공작도 나을 게 하나 없어." (20장)

- 사자성어인 고주망태의 유래를 찾아보자.

- '고주망태'의 뜻을 찾아보자.

- '고주망태'를 사용하여 문장을 만들어 보자.

감히 나에게 **린치**를 가할 생각을 할 정도로 대담해졌구나. 중략. 이 **대명천지**에 너희들이 내 앞에 서 있는 한 너희 같은 놈 천 명이 몰려와도 사나이는 불안해하지 않는다. (22장)

- 린치는 외래어다. '린치'의 뜻과 그 단어의 유래를 찾아보자.

- '린치'를 사용하여 문장을 만들어 보자.

- '대명천지'의 뜻을 찾아보자.

- '대명천지'를 사용하여 문장을 만들어 보자.

우리는 순식간에 군중에게 에워싸였고 사람들의 발자국 소리가 마치 군인들의 행진 소리만큼이나 크게 들렸다. 창문이나 구경꾼들로 **인산인해**였고 이들은 울타리 너머로 매번 같은 질문을 해댔다. (25장)

- '인산인해'의 뜻을 찾아 적어 보자.

- '인산인해'를 사용하여 문장을 만들어 보자.

- 과장법은 사물의 크기나 정도를 크게 부풀리거나 작게 표현하는 방법이다. 과장법으로 표현된 속담이나 문구, 사자성어를 찾아보자.

"대체 뭐야? **거두절미**하고 우리가 여기 있는 동안 저자들이 우리에 대해 말할 기회를 주는 것보다 내려가서 같이 슬퍼하는 척하는 게 낫다니까?" (26장)

- '거두절미'의 한자 그대로의 뜻은?

- '거두절미'는 어떤 뜻으로 사용되는가?

- '거두절미'를 사용하여 문장을 만들어 보자.

나는 그냥 내버려 두기로 했다. 그리고 더 이상 **개과천선** 같은 생각을 하지 않기로 했다. 이제 머릿속에서 모든 것을 잊기로 하고, 다시 내가 자라 온 방식으로 돌아가 나쁜 짓을 하기로 했다. 착한 짓 하는 건 내 방식이 아니었다.(31장)

- '개과천선'의 뜻을 찾아보자.

- '개과천선'을 사용하여 문장을 만들어 보자.

- 실제로 개과천선한 경험을 적어 보자.

나도 이자들과는 더 이상 문제를 일으키고 싶지 않았다. 이자들이 하는 짓거리를 실컷 볼 만큼 다 보았기 때문에 더 이상 이자들과 **연루**되고 싶은 마음도 없었다. (31장)

- '연루'의 뜻을 찾아보자.

- '연루'를 사용하여 문장을 만들어 보자.

"여보 제발, 지금 내 마음도 힘든데 날 더 힘들게 하지 말아요. 대체 무슨 일이 난 건지 나도 모르겠소. 나도 지금 **속수무책**이오." (32장)

- '속수무책'이라는 한자어의 원래 뜻은?

- '속수무책'의 뜻은 무엇인가?

- '속수무책'을 사용하여 문장을 만들어 보자.

"잠깐만!" 하고 내가 마차를 세우자, 톰을 태운 마차가 내 마차 옆에 나란히 섰고, 이어 내 모습을 본 톰은 입을 가방만하게 벌린 채 **기절초풍**이 되어 꼼짝 못 하고 있었다. (33장)

- '기절초풍'의 뜻을 적어 보자.

- 실제로 기절초풍한 경험을 적어 보자.

〈내용 응용력〉

다이아몬드가 어디에 있냐고 톰에게 물었지만, 그는 산더미처럼 쌓여 있다고 했고, 심지어 아랍 사람들과 코끼리도 있었다고 했다. 그런데 왜 볼 수 없었냐고 다그치자, 그는 내가 『돈키호테』를 읽기만 했어도 이런 식의 질문은 하지 않았을 것이라고 되려 내게 역정을 냈다. (3장)

- 톰이 헉에게 돈키호테를 언급한 것은 무슨 의미로 한 말인가?

- 소설 『돈키호테』의 내용에 대해 조사해 보자.

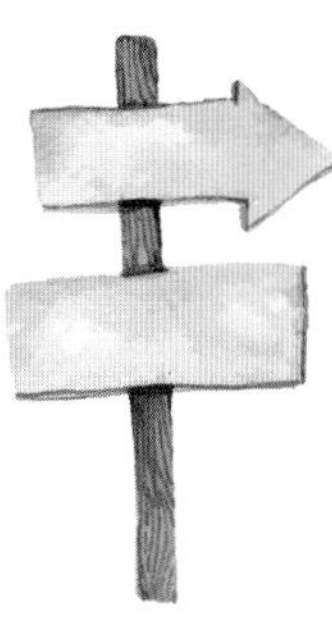

⊙ 프랑스의 문학평론가인 르네 지라르는 "『돈키호테』 이후에 쓰인 소설은『돈키호테』를 다시 쓴 것이거나 그 일부를 쓴 것이다."라고 말했다.『돈키호테』는 세계 유명 작가들이 첫 손가락에 꼽는 소설이며, 2002년 노벨연구소는 '문학 역사상 가장 위대한 소설'로 선정했다.『돈키호테』의 문학적 가치를 알아보자.

과부 아줌마나 목사님이 기도를 하면 효험이 있고, 내가 하면 없다는 사실을 깨달은 것이다. 결국 나는 '기도란 게 참된 사람에게만 효험이 있는 것이구나' 하고 생각했다. (8장)

- 기도를 하면 좋은 점을 적어 보자.

- 자신의 기도가 실제로 효험이 있었다고 느꼈던 경험을 함께 나누어 보자.

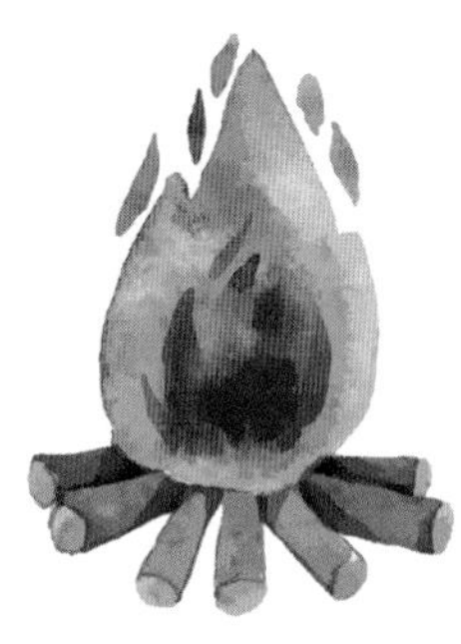

'만사에 최선을 다하자'가 내 신조요. 우리가 여기에 오게 된 일도 그리 나쁘지만은 않은 것 같고. 먹을 것도 많고 편안하고 말이오. 자, 우리 손잡고 잘 지냅시다.

공작은 그 제안을 받아들였고, 짐과 나는 이를 반겼다. 이제 불편한 마음이 다 사라지고 기분이 훨씬 좋아졌다. 뗏목 위에서 서로 적의를 품고 있는 것보다 비참한 일은 없기 때문이다. 뗏목 위에서는 무엇보다도 모두가 만족스럽게 생각하면서 서로에게 잘 대해 주는 것이 가장 중요하다.

이 허풍쟁이들이 왕도 공작도 아니고 단지 비루한 협잡꾼에다가 사기꾼이라는 판단을 내리는 데에는 그다지 오랜 시간이 걸리지 않았다. 하지만 나는 아무런 말도 하지 않았고, 그런 사실을 모르는 척하면서, 속으로 간직하기로 했다. 그게 최선이었고 그래야 싸우지도 않고 곤란한 일도 생기지 않기 때문이다. 뗏목 위에 평화가 유지된다면 공작이나 왕으로 부르는 데에 반대하지도 않았다. 짐에게도 이를 말해 줄 필요는 없기에 그대로 두었다. 아빠한테서 유일하게 배운 교훈이 바로 비슷한 부류 사람들과 잘 지내기 위한 최선책은 그냥 그대로 내버려 두라는 것이었다. (19장)

- 공작은 '만사에 최선을 다하자'가 자신의 신조라고 말한다. 여러분 인생의 신조는 무엇인가?

- 헉은 어떤 연유로 왕과 공작의 거짓을 어떻게 금방 알아챘을까?

- 여러분은 누군가의 위선과 거짓을 어떻게 알아챌 수 있는가?

- 여러분은 다른 사람의 부정직한 언행에 대해 언급하는 편인가? 아니면 그대로 내버려 두는 편인가? 어떤 행동이 올바른 선택인가?

- 여러분이 헉이라면 왕과 공작에게 어떻게 행동할 것인가?

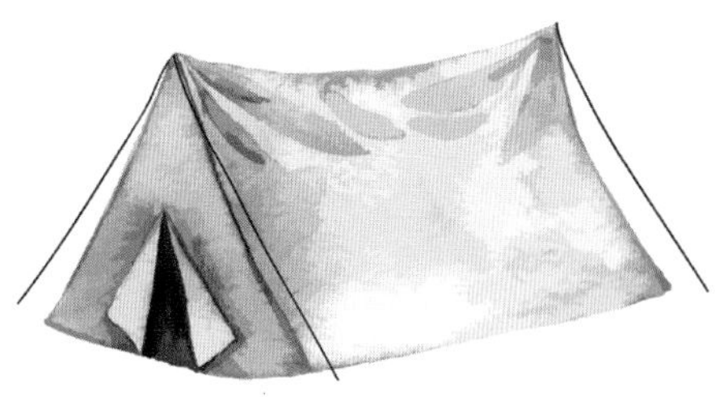

"우리가 속았습니다. 정말 감쪽같이 속았습니다. 하지만 우리가 마을의 조롱거리가 되어선 안 됩니다. 그리고 죽을 때까지 이 사건이 사람들 입에 오르내려 우리 귀에 들리게 해선 안 됩니다. 우리가 할 일은 조용히 이 자리를 떠서 사람들에게 이 연극을 홍보해 모든 사람들이 표를 사게 만드는 겁니다! 그래야 동병상련이 되는 겁니다." (23장)

- 왕과 공작은 일반 대중을 상대로 엉터리 공연 사기를 친다. 불의를 고발하지 않고 도리어 은폐하는 사람들의 심리를 해석해 보자.

- 여러분이라면 이러한 상황에서 어떤 행동을 할 것인가?

- '동병상련'의 뜻을 적어보고 예시를 들어 보자.

- 실제로 내가 동병상련을 느낀 사례를 적어 보자.

마크 트웨인은 양심이란 사회에서 인정되는 규범과 교육의 강화에 의해 만들어진다고 보았다. 여러분은 헉처럼 기존의 나쁜 규범을 부정하고 양심적인 행동을 할 수 있나? 그러한 경험이 있는가? 양심적인 행동을 해야 하는 이유는 무엇인가?

양심적인 행동

4단계 분석력

톰 소여라면 이걸 그냥 놔두겠어? 말도 안 되지. 톰은 이걸 모험이라고 불러. 모험이고말고. 그 앤 이게 일생 마지막 일이 된다고 해도 이 배에 오르고 말 거야. 그리고 멋지게 해낼 거야. 폼 잡으면서 말이야. 마치 천국을 발견한 크리스토퍼 콜럼버스처럼 해낼 거야. 톰이 여기 있어야 하는 건데.(12장)

나는 짐에게 난파선에서 있었던 일과 큰 나룻배에서 있었던 일을 이야기해 주었고, 이 모두가 모험이었다고 말해 주었다. 짐은 더 이상 모험을 원하지 않는다고 말했다.(13장)

- 헉과 짐은 난파선을 발견하자 헉은 호기심이 생겨 몰래 올라가 살펴보고 싶어졌다. 헉은 톰을 생각하며 뒤로 물러서지 않는다. 모험심이 강한 사람들은 어떤 성격과 특징의 소유자인가?

• 모험과 탐험의 차이를 알아보자. 그리고 내가 해 보고 싶은 모험과 탐험에 대해 생각해 보자.

	뜻	내가 해 보고 싶은 일
모 험		
탐 험		

• 크리스토퍼 콜럼버스에 대해 조사해 보자.

● 긍정적 평가

● 부정적 평가

나는 더 이상 말 가지고 씨름하는 게 소용없다는 것을 알았다. 검둥이에게 논쟁하는 법을 가르쳐 줄 수는 없기에, 나는 여기서 접기로 했다. (14장)

- 헉과 짐은 솔로몬 왕과 루이 16세에 대해 서로 논쟁을 벌인다. 둘의 논쟁 방식을 비교해 보자.

- 루이 16세 시대의 프랑스 시대상과 주변 인물을 조사해 보자.

- 토론과 논쟁에서 필요한 기술은 무엇일지 말해 보자.

뗏목 위에서 공작과 왕은 로미오와 줄리엣의 대사를 연습한다. 또한 햄릿의 독백 대사를 암기하며 연기를 연습한다. (21장)

- 윌리엄 셰익스피어는 영국이 낳은 세계 최고의 극작가다. 팀별로 셰익스피어의 4대 비극과 5대희극의 작품을 찾아보자. 인물과 배경, 주제에 대해 조사·분석하고 도표로 구조화해 보자. 팀별로 셰익스피어의 작품에 대해 발표해 보자.

- 셰익스피어 작품

- 인 물

- 배 경

- 주 제

- 느낀 점

"분명한 것은 여러 난관과 어려움을 겪고 짐이 탈출해야 더 명예스럽다는 사실이야."

"헉 핀, 결코 너답지 않네. 마치 유치원 애들 일 처리하는 식으로 할 수는 있겠지. 그런데 너 책이란 건 통 안 읽어 봤니? 트렌트 남작이나 카사노바, 아니면 벤베누토 첼레니나 앙리 4세 등등. 소위 영웅들 이야기 말이야. 대체 그렇게 싱거운 방법으로 죄수를 빼내는 게 어디 있어?"

"철가면은 늘 그런 식으로 했어. 그것도 멋진 방법이지."

"넌 그런 식으로 하면 과연 짐이 영웅이 될 수 있을 거라고 보니?"

"마르세유 항구에 갇혀 있던 죄수를 보라고, 다들 그런 식으로 파고 나왔지."

"헉,너에게 뭘 가르치려 해봤자 소용없구나. 빨리 가서 칼이나 물어 와. 세 자루다." 나는 톰이 시키는 대로 했다.(35장)

- 짐을 탈출시키기 위한 방안을 논의하면서 톰이 한 말이다. 톰과 헉의 성격의 속성을 비교해 보자. 둘 성격의 차이점을 분석해 보자.

- 헉은 톰과 함께하는 동안 그 이전과는 조금 다르게 행동하는 것을 알 수 있다. 헉이 마지막까지 극복하지 못한 아쉬운 점이 있다면 무엇인가? 내가 헉이었다면 어떻게 짐을 구출할 것인가?

소설에 등장한 인물들의 성격을 분석해 보자.

허클베리 핀	
톰 소여	
더글러스 아줌마	
허클베리 아버지	
짐	
그랜저포드 대령	
왕	
공작	
왕과 공작에게 속은 마을 사람들	
보그스 영감	
셔번 대령	
셰필드 가문 사람들	
메리 제인	
샐리 아줌마	

⊙ 마크 트웨인은 평범한 어린 소년 헉을 통해 미국 사회의 모순을 고발하고 개선되기 바라는 마음을 소설로 담고 있다. 당대 미국 사회에 만연했던 모순적인 풍토를 조사해 보자. 또한 주인공 헉을 통해 미국인의 어떤 정신을 고양하고 싶었는지 알아보자.

⊙ 헉에게서 펼쳐지는 다양한 사건들을 시간 순서대로 정리해 보자. 시간의 흐름 속에서 일어나는 변화에 대해 주목해 보자.

1) 뗏목 위에서 허클베리와 짐이 함께 여행하면서 맺는 관계의 변화

2) 허클베리의 내적 심리 변화

3) 허클베리와 짐의 이동 경로

5단계 평가력

짐은 내가 조타실로 들어가고 자기는 뗏목으로 돌아갔을 때, 뗏목이 사라진 것을 보고 기절초풍했다는 것이다. 어떻게든 문제가 해결되어도 자기는 이미 끝장났다고 보았다는 것이다. 구조되지 못하면 강에 빠져 죽는 것이고, 누군가 자기를 구조한다면 포상금을 받기 위해 자기를 집으로 끌고 갈 터이며, 그러면 왓슨 아줌마가 자기를 남부로 팔아 버릴 게 뻔하다는 것이다. 짐의 말이 옳았다. 짐은 항상 옳은 말을 했다. 나는 짐이 검둥이 치고는 비상한 머리를 가지고 있다고 느꼈다.(14장)

- 헉은 짐이 비상한 머리를 가지고 있다고 하면서 왜 검둥이라고 부르고 있을까?

- 외모나 태생에 관한 비속어에는 어떤 것이 있으며 비속어 남용이 왜 옳지 않은 일인지 판단해 보자.

- 근래 우리나라에서 사람들이 혐오 발언을 하는 것에 대해 비판해 보고 혐오 발언의 근절 방안을 탐색해 보자.

“하지만 어쨌든 솔로몬 왕은 가장 현명한 왕이었어. 과부 아줌마가 내게 직접 그렇게 말씀하셨단 말이야.” (14장)

- 솔로몬 왕이 가장 현명한 왕으로 일컬어지는 이유를 분석해 보자.

- 솔로몬 왕의 장점과 단점을 살펴보고 왕으로서의 업적을 평가해 보자.

사내아이 머리에서 어쩌면 저런 생각이 다 나올 수 있을까! 내가 톰의 머리를 갖게 된다고 하면, 공작 작위나 증기선 선원 자리나, 서커스의 광대역이나, 아니면 뭘 준다고 해도 절대 바꾸지 않을 거야. 나도 방안을 생각하긴 했지만 '그저 무언가 해야겠지' 하는 정도였다.(34장)

- 헉은 톰의 어떤 면을 높이 평가하고 있는가?

- 애플의 창업주인 스티브 잡스는 "만약에 내가 소크라테스와 점심을 같이 할 수 있다면 우리 회사가 가진 모든 기술을 그것과 바꾸겠다."고 했다. 경영의 귀재인 스티브 잡스가 철학자 소크라테스에게서 얻고자 한 것은 무엇일까?

- 내가 만약에 누군가와 점심을 같이 할 수 있다면 그 상대는 누구인가? 그리고 그로 인해 얻고 싶은 것은 무엇인가?

나는 톰의 이런 행동을 도무지 이해할 수 없었다. 이건 앞뒤가 안 맞는다고 하면서 벌떡 일어나 톰에게 얘기를 해 주어야 한다고 생각했다. 즉시 이 일에서 손 떼게 하여 톰을 구해 주는 것이 진정한 친구로서 해야 할 일이라는 것도 알고 있었다. (34장)

- 헉이 짐의 탈출 계획에 톰을 끌어들이고 싶어하지 않아 했던 이유는 무엇일까?

- 여러분이 헉이라면, 위험한 일에 친구가 연루되도록 할 것인가? 여러분이라면 어떻게 할 것인가?

- 여러분이 생각하는 진정한 친구가 해야 할 일을 판단하여 적어 보자.

『허클베리 핀의 모험』이 출간되었을 때는 쓰레기로 불리고 도서관 장서 목록에서 삭제되었다고 한다. 반면, 오늘날에는 당대 소설 중 최고라고 불릴 만큼 훌륭한 작품으로 평가받고 있다. 미국의 문호 헤밍웨이는 "미국의 모든 현대 문학은 마크 트웨인이 쓴『허클베리 핀의 모험』이라는 책 한 권에서 비롯되었다"고 말하기도 했다.

- 『허클베리 핀의 모험』이 쓰레기로 불린 이유는 무엇인가?

- 헤밍웨이가 『허클베리 핀의 모험』을 칭송하는 이유는?

주인공 헉은 끊임없이 거짓말을 한다. 좋게 말하면 임기응변, 나쁘게 말하면 잔머리라고 할 수 있겠다. 거짓말에 대해 생각해 보자.

- 헉은 어떤 거짓말을 하는가? 당시 상황은 어떠했는가?

- 헉의 거짓말이 왕과 공작의 거짓말과 어떻게 다른가? 모든 거짓말은 나쁜가?

- 짐이 헉에게 어떤 거짓말을 했는가?

- 톰이 헉을 속이고 짐의 구출 작전을 무리하게 강행한 것은 옳은 일인가?

- 영어로 white lie는 필요에 따른 악의 없는 거짓말을 말한다. 여러분은 다른 사람을 안심시키기 위해 white lie를 한 적이 있는가? 그 상황을 설명해 보자. 여러분의 거짓말 속의 진심은 무엇이었나?

- 악의가 없다고 해서 거짓말을 한 행위는 용서가 되는가? 톰과 헉 그리고 짐의 거짓말의 행동은 정당하다고 볼 수 있는지 판단해 보자.

– 순 서 –

판정인을 홀수로 선출한 후 팀별로 나눠 팀장을 선출한다.

팀별로 그들의 입장과 근거를 제시한다.

필요하다면 반론을 준비할 시간을 준다.

반론을 펴고 반론을 반박한다.

최종 변론을 통해 자신들의 주장을 설득한다.

판정팀은 판결 결과를 발표하고 그 이유를 설명한다.

〈토론하기〉

『허클베리 핀의 모험』에는 다양한 주제가 등장한다. 그 핵심에는 '노예 제도'가 있다. 노예 제도는 지금에서는 말도 안 되는 불평등한 제도이지만, 당시 미국에서는 너무나도 당연하게 받아들여졌다.

- 왜 사람들은 노예 제도의 문제점을 느끼지 않았을까?

- 노예 제도는 왜 그렇게 오랫동안 문제 없이 유지되었을까?

- 과거에는 노예 제도와 같은 불평등한 사회 제도에는 어떤 것들이 있었나?

- 오늘날에도 불평등한 사회 제도가 있다면 어떤 제도인지 조사해 보자.

〈Activity〉

〈불평등 사례 찾기〉

불평등한 사례를 찾는 게임을 진행한다. 인터넷 혹은 책에서 자료를 찾아, 자세한 내용을 보드지에 크게 작성한다. 관련 사진과 신문 기사 등을 오려 붙여도 좋다. 더 많은 불평등한 사례를 찾을수록 포인트를 얻는다. 사례를 찾는 것에 그치는 것이 아니라, 조금 더 자세하고 분석적으로 찾을수록 높은 포인트를 얻게 된다. 일정 수준 이상의 포인트를 획득하면 '정의의 훈장'을 받게 된다.

다음의 순서대로 게임을 진행한다.

Round 1. 역사 속 사례

Round 2. 현재 한국 사례

Round 3. 내 주변에서의 사례

게임이 종료되면, 이번 게임을 통해 무엇을 느꼈는지 생각하는 시간을 갖는다.

- 불평등은 왜 문제인가?

• 불평등한 제도 혹은 현상이 발생하는 공통점은 무엇인가?

• 불평등한 제도는 결국 어떻게 해결되었나?

• 불평등을 해결하기 위해서는 무엇이 필요한가? 내 주변의 불평등을 해결하기 위해서 내가 취해야 할 행동은 무엇인가?

노예 제도

언제?

어디서?

무엇이 불평등한가요?

어떻게 해결되었나요?

사람들은 왜 불평등을 무시했을까요?

교내 왕따 문제

언제?

어디서?

무엇이 불평등한가요?

그것은 해결되었나요?

사람들은 왜 이것을 무시하나요?

여러분은 어떻게 대처하고 있나요?

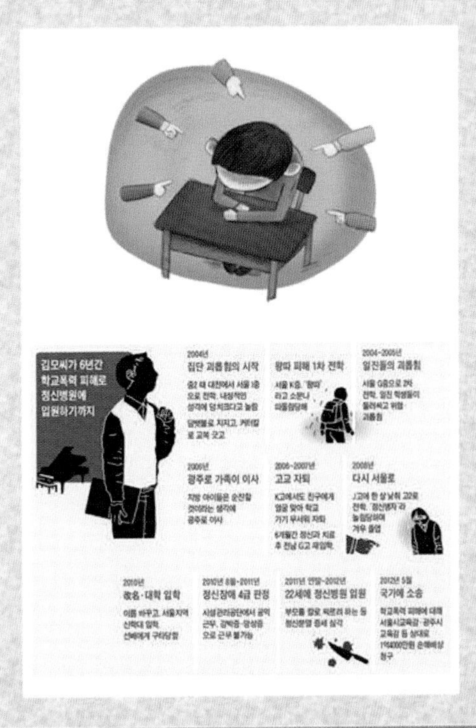

톰은 "짐은 더 이상 노예가 아니야. 세상 누구 못지않게 짐도 자유인이란 말이야."라고 말한다. 어떠한 메시지를 담고 있는지 단어들을 나열해 보자.

『허클베리 핀의 모험』에서 자유인은 노예의 반대되는 자를 뜻한다. 현대 사회에서 의미하는 자유와 자유민주주의의 정의와 개념을 알아보자.

잭슨 섬에서 만난 헉과 짐은 미시시피강을 거슬러 올라가는 탐험의 여정을 함께한다. 그들의 우정을 나타내는 가장 인상 깊은 스토리가 무엇인가?

그리고 나의 인상 깊은 우정 이야기를 나누어 보자.

- 가장 인상 깊은 스토리

- 나의 우정 이야기

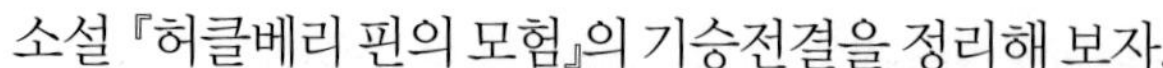

소설 『허클베리 핀의 모험』의 기승전결을 정리해 보자.

『허클베리 핀의 모험』에는 다양한 주제가 등장한다. 여러분에게 가장 인상적으로 와 닿았던 주제는 무엇이었나? 가장 인상 깊은 주제에 관해 에세이를 써 보자. 다음은 참고할 만한 주제이고, 원하는 주제를 자유롭게 선택할 수 있다. 소설에서 배운 내용을 활용해서 서론, 본론, 결론 형식에 맞게 작성해 보자.

1) 정의 사회 2) 인간의 존엄성 3) 도전과 용기 4) 평등 5) 양심

헉이 남들보다 먼저 인디언 보호구역으로 떠나야겠다고 마음먹은 까닭은 무엇일까? 그리고 인디언 보호구역에서 헉에게 어떤 일이 벌어지는지 상상해 보자.

여러분은 톰이나 헉처럼 익숙하고 편안함을 버리고 위험하지만 새로운 일에 모험하고 싶은 탐험 정신이 있는가? 내가 도전하고 탐험하고 싶은 일을 그림으로 그리고 설명해 보자.

〈 서평 쓰기 〉

–『허클베리 핀의 모험』을 읽고 –

Baby Eucalyptus

『허클베리 핀』에 대하여…

마크 트웨인이라는 필명으로 알려진 새뮤얼 랭혼 클레먼스는 미주리 주의 한 가난한 개척민의 아들로 태어났다. 4세 때 가족을 따라 미시시피 강가의 해니벌로 이사왔으며, 12세 때 아버지를 여의었다. 그 후 인쇄소의 견습공이 되어 일을 배우고, 각지를 돌아다니다가 1857년 미시시피강의 수로 안내인이 되었다. 이 시기까지의 생활과 경험은 작가가 되는 데 큰 영향을 주었다. 뱃사람 용어로 안전수역을 나타내는 물 깊이 '두 길'(한 길은 6ft)이란 뜻의 마크 트웨인이 탄생하게 된 계기다.

마크 트웨인의 『톰소여의 모험』과 『허클베리 핀의 모험』은 부모님이 사 주신 세계 명작 어린이전집에 수록되어 있는 인기 아동 권장 도서였다. 나를 포함한 대부분의 어린 독자는 장난꾸러기지만 재치발랄하고, 개구장이지만 용감하고 탐험심 강한 톰과 헉이란 인물에 매료된다. 마크 트웨인의 소설은 청소년 시기의 필독도서라고 해도 과언이 아니다. 하지만 그의 소설의 내용을 찬찬히 음미하고 읽어본 사람은 단지 청소년용이 아닌 성인용으로 진지하게 정독해야 하는 도서임을 알게 된다. 마크 트웨인이 왜 '미국 문학의 링컨'이라고 불리는지와 그에 대한 찬사가 지나치지 않다는 것을 수긍하게 된다.

윌리엄 포크너는 그를 '미국 문학의 아버지'로 불렀다. 미시시피 3부작으로 일컬어지는 『톰 소여의 모험』, 『미시시피 강의 생활』, 『허클베리 핀의 모험』은 가장 미국적인 서사시로 불리며, 19세기 미국 문학의 장을 열었다고 평가받고 있다. T. S. 엘리엇은 "마크 트웨인은 자기 자신뿐만 아니라 다른 작가들에게도 새로운 창작 기법을 발견해 낸 작가들 가운데 한 사람"이라고 말했다. 『허클베리 핀의 모험』을 읽은 사람들은 그의 사실주의적인 표현력과 해학 넘치는 유머와 위트에 경의를 표할 수밖에 없다. 나 역시 성인용『허클베리 핀의 모험』을 읽고 나서야 미국의 20세기 문학을 대표하는 어니스트 헤밍웨이가 "미국의 모든 현대 문학은 마크 트웨인이 쓴『허클베리 핀의 모험』이라는 책 한 권에서 비롯되었다"고 말한 이유를 이해하게 되었다.

마크 트웨인은 미국 문학사뿐만 아니라 세계 문학사에 한 획을 그은 인물로 평가받는다. 그의 많은 발표 작품 중에서 왜『허클베리 핀의 모험』이 가장 중요한 작품으로 평가받는 것일까? 왜 미국의 현대 문학의 시작이 이 소설로 비롯된 것일까? 내가 생각하는 그 이유는 헉이란 인물을 통해 이상적인 미국인의 모습을 대변하고 있으며, 소설의 에피소드를 통해 미국인이 지녀야 할 가치관에 대한 성찰을 담고 있기 때문이다.

톰이 부잣집 아들이라면, 헉은 술주정뱅이의 아들인, 서민 출신의 소년이다. 톰이 원리원칙과 규율을 숭상하는 영국 신사와 같다면, 헉은 물건을 훔치기도 악의 없는 거짓말을 늘어놓기도 하지만, 자유와 평등, 인권과 평등을 추구하는 미국인의 기질을 닮았다. 헉은 더글러스 아줌마의 양자로서 교양 있는 아이로 성장하기를 거부하고 자유롭게 도전하는 개척 정신의 상징과 같은 존재다. 톰이 은신처로 삼았던 잭슨 섬에서 자유를 찾게 되었다면, 헉은 도망친 노예 짐과 함께 뗏목을 타고 미시시피강을 표류하게 된다. 헉은 더 넓은 세상을 만나게 되고 그는 더 이상 개구장이 말썽쟁이가 아닌 정신적으로 성숙한 미국 시민의 모습으로 탈바꿈한다.

『어린 왕자』의 주인공 어린 왕자와 비행사가 곧 생텍쥐페리의 모습이듯이 헉은 바로 마크 트웨인의 사상과 철학을 상징하는 인물이다.『톰소여의 모험』에서 자신의 어린 시절의 경험담을 통해 미국 백인 소년들의 모험담을 그려냈다면,『허클베리 핀』에서는 헉이라는 서민 출신 백인 아이의 시야를 통해 남북전쟁 발발 직전의 미국사회의 거짓과 위선을 밀도 있게 조망하고 있다.

마치 어린 왕자가 일곱 개의 별에서 만난 어른들의 허세와 부조리를 신랄하게 풍자한 것처럼 헉은 미국의 문명사회에서 벌어지는 각종 비리와 타락 등 당대 사회의 현실을 비판하고 있다. 헉은 무조건적인 비난이라기보다 자신의 정신적인 성찰과 각성을 통해 어른들의 세계를 온정주의적인 시야에서 비판하고 있다. 어른들의 야비한 사기 행각과 무자비한 살인행위를 지켜보면서 도리어 그들을 불쌍하게 여기는 측은지심을 발휘한다. 행위는 지탄받을지 언정 사람을 매도하지 않는 그의 휴머니즘적인 정신을 엿볼 수 있다.

헉과 짐은 뗏목을 타고 미시시피강을 내려오면서 동시에 자유를 느낀다. 짐이 육체적인 자유라면, 헉은 정신적인 자유다. 헉은 개인적인 모험과 탐험 정신을 넘어서서 정의롭지 않은 사회적 현상에 도전한다. 서구사회의 정신적 윤리관을 주관하고 있는 기독교 윤리를 풍자하고 종교의 본질보다 형식에 얽매여 있는 어른들의 위선을 고발하고 있다.

헉과 짐 사이에 더 이상 흑백의 인종차별은 없다. 그들은 이미 우정을 나누는 친구 사이다. 헉은 자신이 비록 지옥을 갈지언정 내면의 양심에 따라 노예가 된 짐을 탈출시키는 일에 앞장선다. 이러한 엄청난 움직임에 부잣집 아들인 톰을 끌어들인다. 헉은 단순히 짐과의 개인적 우정을 넘어서서 인권과 평등 그리고 화합에 대한 가치를 추구한다.

선악에 대한 사리분별, 직관적인 문제 해결 능력, 양심에 따른 시민의식, 공공선을 추구하는 공동체의식은 바로 미국인이 추구하는 미국인의 정신인 셈이다. 헉은 남들보다 먼저 인디언 보호구역으로 들어가겠다고 결심한다. 도전과 혁신의 아이콘 헉은 바로 미국인의 정신을 대변하는 인물이며,『허클베리 핀의 모험』은 자유와 평등, 인권과 박애 정신을 추구하는 미국 민주주의의 지향점을 나타내고 있는 교과서인 셈이다.

"미국 정신의 실체를 알고 싶다면 마크 트웨인을 읽게 하라." - W.L.펠프스

최 혜 림

『공동체편』을 마치며

⊙ 아래의 세 가지 주제 중 한 가지를 택하여 글을 써 보자.

- 사람은 무엇을 위해 존재하는가?
- 공동체에서 필요한 시민의식은 무엇인가?
- 민주주의가 추구하는 가치관은 무엇인가?

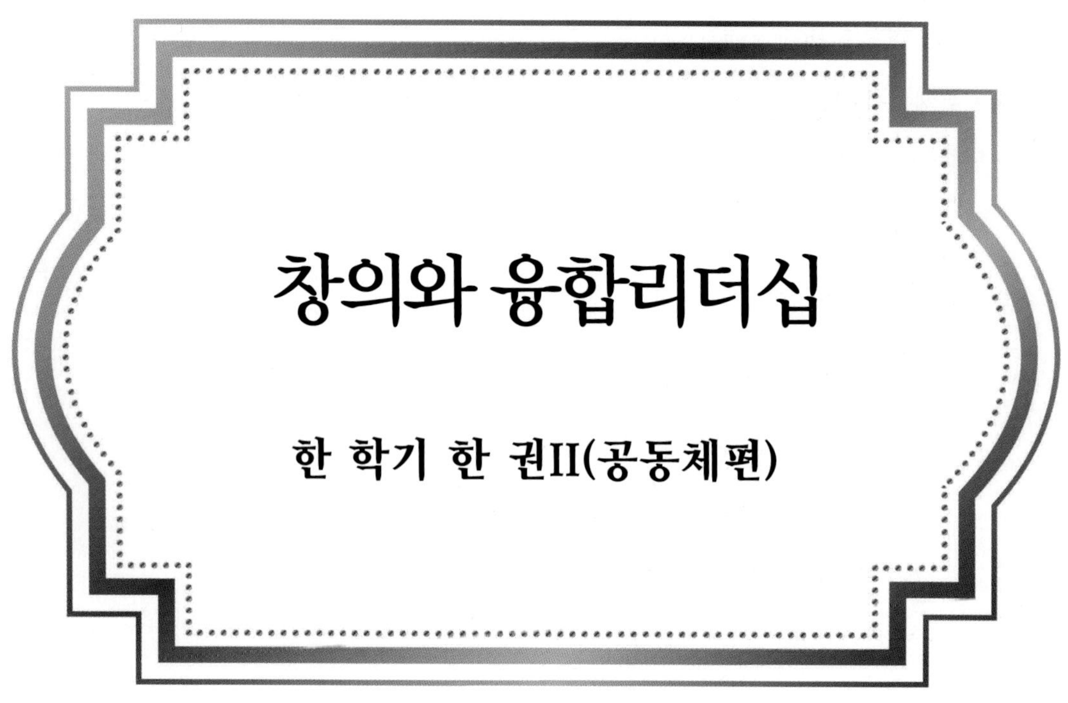

창의와 융합리더십

한 학기 한 권II(공동체편)

- 교사학습지도안 -

⊙ 수업 개요

1. 독서를 통한 성찰과 활동으로 깊은 사고력을 기를 수 있다.

2. 독서를 통한 탐구력 강화로 자신의 진로를 계발할 수 있다.

3. 토론과 팀 활동을 통해 인성을 강화하고 협동심과 리더십을 기른다.

4. 블룸의 분류학(Bloom's Taxonomy)에 근거하여 암기·이해·응용·분석·평가·창조의 단계를 통해 고차원적 사고력을 촉진한다.

⊙ 수업 목표

1. 정답을 알려주는 교육에서 해답을 찾아가는 문제 해결형 교육을 지향한다.

2. 슬로우 리딩법을 통해 공감능력과 비판적 사고를 함양한다.

3. 교사 중심의 수업에서 학생 중심의 수업으로 자기주도적 학습을 목표로 한다.

4. 인문학 소양 교육을 통해 올바른 자아 확립과 공동체 의식을 배양한다.

5. 미래지향적 비전을 확립하고 올바른 민주시민 의식을 함양한다.

⊙ 수업 목표

1. 퍼실리테이터로서의 교사 역할을 통한 쌍방향 수업

2.. 매주 '오늘의 리더'를 선정하여 학생이 토의를 주관하고 발표하는 학습자 주도형 교육

3. 강의·토론·발표·동영상 시청· 팀과제·성찰 일기 작성을 통한 창의 융합력 교육

⊙ 핵심 역량

인문학 소양·창의성·융복합 능력·문제 해결 능력·문해력·작문력·공감 능력·자기 관리력·의사소통능력·발표력·공동체역량·진로설계 역량·리더십 역량

I. 사람은 무엇으로 사는가?

◘ 주차별 수업계획 ◘

차시	지도범위	학습활동 및 자료 내용	과 제
1	작가 소개	• 교재 p.15에 대한 질문 토의하기 • 톨스토이의 대표적인 작품에 대해 토의해 보자. • 톨스토이 당시의 시대적 배경과 톨스토이즘에 대해 생각하기	**사람은 무엇으로 사는가 읽기**
2	사람은 무엇으로 사는가	• 사람은 무엇으로 사는가에 해당되는 1단계 기억력, 2단계 이해력 작성하기 • 3단계 내용 응용력 p.51~53 조별 토의하기 • 사람에게 필요한 것, 중요한 것, 행복하게 하는 것에 대해 토의한다. • 이상묵 교수의 동영상 시청 후 느낀 점 공유하기 (https://www.youtube.com/watch?v=K5DBRBG40R8)	**사랑이 있는 곳에 신도 있다 읽기** **배운 부분 정리하기**
3	사랑이 있는 곳에 신도 있다	• 사랑이 있는 곳에 신도 있다에 해당되는 1단계 기억력, 3단계 어휘 응용 작성하기 • 3단계 내용 응용력 p.54~55 조별로 토의하기 • 황금률에 대한 동영상 시청 후 모든 종교에서 황금률을 강조하는 이유 토의하기 (https://www.youtube.com/watch?v=4G9CDLIjWOA) • 누군가의 만남이 '나'를 행복하게 변화시킨 경험 사례 공유하기	**사람에게는 얼마나 많은 땅이 필요한가? 읽기** **배운 부분 정리하기**

4	사람에게는 얼마나 많은 땅이 필요한가?	• 사람에게는 얼마나 많은 땅이 필요한가?에 해당되는 1단계 기억력, 2단계 이해력 작성하기 • 평가력 p.78~79를 통해 행복과 소유의 관계에 대해 조별로 토의한다.	촛불 읽기 배운 부분 정리하기
5	촛불	• 촛불에 해당되는 1단계 기억력, 2단계 이해력, 3단계 어휘 응용 작성하기 • 평가력 p.73 읽고 함무라비 법전과 탈리오 법칙에 대해 토의한다.	배운 부분 정리하기
6	평가력(토론1) p.74	• 탈리오 법칙에 따른 보복과 톨스토이의 촛불에서 강조하는 선에 대해 토론한다.	세 가지 질문 읽기 배운 부분 정리하기
7	세 가지 질문	• 세 가지 질문에 해당되는 1단계 기억력, 2단계 이해력, 3단계 어휘 응용 작성하기 • 3단계 내용 응용력 p.56 토의하기 • 창조력 p.81 작성 후 자신의 경험이나 계획을 공유한다.	바보 이반 읽기 배운 부분 정리하기
8	바보 이반	• 바보 이반에 해당되는 1단계 기억력, 2단계 이해력, 3단계 어휘 응용 작성하기 • 바보 이반에서 주는 교훈 토의하기	배운 부분 정리하기
9	평가력(토론2)	• 5단계 평가력 p.75 바보 이반의 단편을 통해 톨스토이가 추구하는 철학에 대해 토의하기 • 바보 이반과 그의 형 세몬과 타라스의 가치관을 비교하고 토론한다. • 현대사회에서 말하는 선악의 구분에 대해 토론한다.	노동과 죽음과 병/불을 놓아두면 끄지 못한다 읽기 배운 부분 정리하기
10	노동과 죽음과 병/ 불을 놓아두면 끄지 못한다 읽기	• 노동과 죽음과 병, 불을 놓아두면 끄지 못한다에 해당되는 1단계 기억력, 2단계 이해력, 3단계 어휘 응용 작성하기 • 3단계 내용 응용력 p.57 작은 싸움이 큰 싸움으로 발전된 경험 공유하기 • 타인의 허물만 보이고 자신의 잘못을 보지 못하는 경우의 속담이나 스토리 찾아보기	두 노인 읽기 배운 부분 정리하기

11	두 노인	• 두 노인에 해당되는 1단계 기억력, 2단계 이해력, 3단계 어휘 응용 작성하기 • 두 노인 단편이 주는 교훈 성찰하기	대자 읽기 배운 부분 정리하기
12	대자	• 대자에 해당되는 1단계 기억력, 2단계 이해력 작성하기 • 4단계 분석력 p.64 권선징악에 대해 토의하고 그에 해당되는 동화나 영화 찾기 • 4단계 분석력 p.65~66 종교에 대해 조사하기 • 동영상 시청 후 종교의 필요성, 종교 간의 갈등, 미래의 종교에 대해 토의하기 (https://www.youtube.com/watch?v=ewJq2Lc5a-0)	6단계 창조력 p.80 배운 부분 정리하기
13	분석력 p.58~61	• 과제를 바탕으로 가장 감명받은 단편에 대해 이야기 나누기 • 도시와 시골 생활에 대해 분석하기 • 귀농인구 증가 현상에 대해 토의하기 • 욕구, 욕심, 탐욕의 경계 분석하기	배운 부분 정리하기
14	분석력 p.62~63 p.67	• 복수와 응보주의에 해당되는 인간의 심리를 분석한다. • p.63 각각의 단편의 주제어와 그에 해당되는 사자성어에 대해 토의하기 • 간디의 동영상 시청 후 p.67 톨스토이와의 사상적 유사점 비교하기 (https://www.youtube.com/watch?v=-KoHT5o9D68)	배운 부분 정리하기 테레사수녀님과 이태석 신부님에 대해 조사해 오기
15	평가력 p.68~72	• 테레사 수녀와 이태석 신부의 동영상 시청 후 인류애적 사랑의 실천에 대해 토의하기 (https://www.youtube.com/watch?v=AuzmY8LQVP8) (https://www.youtube.com/watch?v=gM22PGRlKvc)	스티브 호킹 조사하기 배운 부분 정리하기
16	평가력 p.76~77	• p.76을 읽어보고 영혼의 존재에 관한 종교적 진리와 과학적 근거를 토론한다.	배운 부분 정리하기 독서감상문 쓰기
17	가치카드 게임 창조력 p.82~85	• 가치 카드 게임을 통해 자신이 추구하는 가치관과 인생관을 정리한다.	

Ⅱ. 동물농장

◇ 주차별 수업계획 ◇

차시	지도범위	학습활동 및 자료 내용	과 제
1	작가 소개	• 작가에 대해 조사하기 • 작품의 시대적 배경에 대해 조사한 후 발표하기 • 동영상 시청 후 p.95 작성하기 (https://www.youtube.com/watch?v=VkauQvlq2I0)	1장 읽기
2	동물농장 1장	• 1장에 해당되는 1단계 기억력, 2단계 이해력, 3단계 어휘 응용 작성하기 • 클렌멘타인과 라쿠카라차 동영상 시청 후 3단계 내용 응용력 p.130~131 조별 활동 후 발표한다 (https://www.youtube.com/watch?v=wXWOxOy8S74) (https://www.youtube.com/watch?v=aKup5ts5FYc) • 농장주 존즈 인물에 대해 추리하기 • 수퇘지 메이저의 상징성과 연설의 의미 생각하기	2장 읽기 배운 부분 정리하기
3	동물농장 2장	• 2장에 해당되는 1단계 기억력, 2단계 이해력 작성하기 • 스노볼, 나폴레옹, 스퀼러의 정치적 성향 인식하기	배운 부분 정리하기
4	동물농장 2장	• 2장 3단계 어휘 응용 작성하기 • 5단계 평가력 p.148~149 조별 토의하기 • 동물농장의 일곱 계명의 타당성에 대해 토의하기	3장 읽기

5	동물농장 3장	• 3장에 해당되는 1단계 기억력 작성하기 • 3단계 내용 응용력 p.132~133 조별 토의하기 • 동물농장에서 돼지들의 주도적 활동에 대해 비판해 보자.	4장 읽기 배운 부분 정리하기
6	동물농장 4장	• 4장에 해당되는 1단계 기억력, 3단계 어휘 응용 작성하기 • 외양간 전투에 대해 설명해 보자.	5장 읽기 배운 부분 정리하기
7	동물농장 5장	• 5장에 해당되는 1단계 기억력, 2단계 이해력 작성하기 • 5단계 평가력의 p.150~151 토론하기 • 풍차 분쟁과 농촌의 방어 문제에 있어서 스노볼과 나폴레옹의 견해 차를 설명해 보자.	6장 읽기 배운 부분 정리하기
8	동물농장 6장	• 6장에 해당되는 1단계 기억력 작성하기 • 내용 응용력 p.134~136 조별 토의하기 • 리더와 리더십의 개념을 이해한다.	7장 읽기 배운 부분 정리하기
9	동물농장 7장	• 7장에 해당되는 1단계 기억력, 2단계 이해력, 3단계 어휘 응용 작성하기 • 동물농장에서 일어나는 변화에 대해 살펴보기	8장 읽기 배운 부분 정리하기
10	동물농장 8장	• 8장에 해당되는 1단계 기억력, 2단계 이해력, 3단계 어휘 응용 작성하기 • 풍차 전투에 대해 설명해 보자. • 동물농장의 계명을 바꾸는 행위를 비판해 보자.	9장 읽기 배운 부분 정리하기
11	동물농장 9장	• 9장에 해당되는 1단계 기억력, 2단계 이해력, 3단계 어휘 응용 작성하기 • 동물농장이 공화국으로 선포되고, 나폴레옹이 만장일치로 대통령에 추대된 일에 대해 비판해 보자. • 복서의 죽음에 대해 토의해 보자.	10장과 작가 후기 읽기 배운 부분 정리하기
12	동물농장 10장	• 12장에 해당되는 1단계 기억력, 2단계 이해력 작성하기 • 동영상 시청 후 5단계 평가력 p.156 조별 토의하기 (https://www.youtube.com/watch?v=TTr9VJV6Tbg) • 나폴레옹의 통치력에 대해 비판하기 • 돼지들이 인간과 분간할 수 없도록 같아진 이유에 대해 토의하기 • 조지 오웰의 "나는 왜 쓰는가"를 읽은 소감 공유하기	배운 부분 정리하기

13	**분석력** p.137~142	• 스노볼과 나폴레옹의 통치 방법과 정책에 대해 토의하기 • 이끄는 리더와 따르는 추종자의 역할과 책임에 대해 토의한다. • 동물농장을 통해 우리 사회에서 보이는 인간의 속성과 심리를 분석해 본다. • 민주주의와 공산주의, 자본주의와 사회주의의 속성을 파악한다.	**배운 부분 정리하기** **동물농장 용약하기 p.142**
14	**평가력** p.144~147	• 스노볼과 나폴레옹의 리더십을 분석 평가한다. • 동물농장이 쓰인 시대적 배경을 이해하고 풍자 속에 나타나는 시대적 인물에 대해 탐색해 본다. • 마르크스와 스탈린 동영상 시청하기 (https://www.youtube.com/watch?v=Fe6pUDsxzU8) (https://www.youtube.com/watch?v=FstRSEh9k5M)	**p.147 역사 비평글 쓰기** **배운 부분 정리하기**
15	**평가력** p.152~153	• 과제 역사비평문 발표하기 • 토론하기 2와 토론하기 3의 주제 중 택일하여 조별 토론한다.	**배운 부분 정리하기** **p.157 리더십 평가하기**
16	**평가력** p.154~155	• 리더십 평가 과제 발표하기 • p.154~155를 통해 민주주의 사회에서 평등과 공정의 차이 이해하기 • p.155 두 사례에 대해 조별로 토의한 후 발표한다.	**배운 부분 정리하기** **p.161 자신의 리더십 적어오기**
17	**창조력** p.158~160	• 자신의 리더십 과제 발표하기 • p.158 활동을 통해 리더의 역할, 조직원의 책임에 관해 토의한다. • 드류 더들리의 동영상을 시청 후 리더십의 실천을 약속한다. (https://www.youtube.com/watch?v=0lTHly-bhJE)	**독서감상문 쓰기**

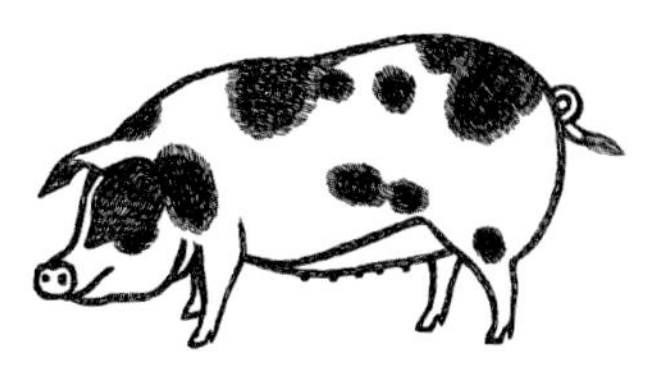

Ⅲ. 허클베리 핀의 모험

◘ 주차별 수업계획 ◘

차시	지도범위	학습활동 및 자료 내용	과 제
1	작가 소개	• 작가와 시대적 배경 조사하기 • 마크 트웨인의 동영상 시청 후 교재 p.171 작성하기 (https://www.youtube.com/watch?v=1sTcEpF-_5Y) • 마크 트웨인이 책 서두에 경고문을 쓴 이유 토의하기 • 동영상 시청 후 톰 소어의 모힘과 허클베리 핀의 모험에 대해 아는 에피소드 공유하기 (https://www.youtube.com/watch?v=AM9rCo6JrXI&list=PLvbY6flZgrT67W1SSAhYYOA_j9xiMxkyY)	1장~3장 읽기
2	허클베리핀의 모험 1~3장	• 1~3장에 해당되는 1단계 기억력, 2단계 이해력 p.186, 3단계 어휘 응용 작성하기 • 허클베리 핀의 주변 인물 성향에 대해 알아보자.(톰, 헉의 아빠, 더글러스 아줌마, 왓슨 아줌마)	돈키호테의 소설에 대해 조사하기 배운 부분 정리하기
3	허클베리핀의 모험 3장	• 2단계 이해력 p.187 작성하기 • 놀이와 의식을 통해 본 톰과 헉의 다른 성향 비교하기 • 3단계 내용 응용력 p.209~210 토의하기 • 돈키호테 소설의 문학적 가치를 이해한다.	4장~8장 읽기 배운 부분 정리하기

4	허클베리핀의 모험 4장~8장	• 4~8장에 해당되는 1단계 기억력, 3단계 어휘 응용 작성하기 • 3단계 내용 응용 p.211 토의하기 • 헉과 짐의 탈출 경위 설명하기	9장~13장 읽기 콜럼버스 조사하기 배운 부분 정리하기
5	허클베리핀의 모험 9장~13장	• 9~13장에 해당되는 1단계 기억력 작성하기 • 4단계 분석력 p.216~217 조별 토의하기 • 동영상 시청 후 콜럼버스에 대한 긍정적/ 부정적 평가 토의하기 (https://www.youtube.com/watch?v=tiJd5M9kbVc) (https://www.youtube.com/watch?v=XM6ezleakMw)	14장~17장 읽기 배운 부분 정리하기
6	허클베리핀의 모험 14장~16장	• 14~16장에 해당되는 1단계 기억력, 2단계 이해력, 3단계 어휘 응용 작성하기 • 4단계 분석력 p.218 조별 토의하기 • 양심의 가책에 대해 성찰해 보는 시간을 갖는다. • 동영상을 시청 후 토론의 필요성에 대해 인식한다. (https://www.youtube.com/watch?v=DwU-wbSoCto)	17장~20장 읽기 배운 부분 정리하기
7	허클베리핀의 모험 17장~20장	• 17~20장에 해당되는 1단계 기억력, 2단계 이해력, 3단계 어휘 응용 작성하기 • 3단계 내용 응용력 p.212~213 토의하기 • 그랜저 포드와 셰퍼드슨 집안의 에피소드를 통해 작가가 전하고 싶은 메시지 이해하기	21장~24장 읽기 배운 부분 정리하기
8	허클베리핀의 모험 21장~24장	• 21~24장에 해당되는 1단계 기억력, 2단계 이해력, 3단계 어휘 응용 작성하기 • 3단계 내용 응용력 p.214~215 토의하기 • 양심적인 행동을 해야 하는 이유에 대해 토의하기	25장~30장 읽기 조별로 셰익스피어의 작품에 대해 조사하기 배운 부분 정리하기

9	허클베리핀의 모험 25장~30장	• 25~30장에 해당되는 1단계 기억력, 2단계 이해력, 3단계 어휘 응용 작성하기 • 왕과 공작의 사기행각과 헉의 양심적 행동에 대해 생각하기 • 3단계 내용 응용력 p.219 토의하기 • 조사한 셰익스피어의 작품에 대해 발표하고 그의 작품이 왜 고전으로 칭송받는지 정리하기 (https://www.youtube.com/watch?v=UOFAOBYXGrI)	31장~34장 읽기 배운 부분 정리하기
10	허클베리핀의 모험 31장~34장	• 31~34장에 해당되는 1단계 기억력, 2단계 이해력, 3단계 어휘 응용 작성하기 • 톰과 헉의 노예 짐의 탈출 계획이 어떤 의미를 상징하는지 탐구하기	35장~39장 읽기 배운 부분 정리하기
11	허클베리핀의 모험 35장~39장	• 2단계 이해력 p.196 톰과 헉의 짐의 탈출 계획 요약하기 • 4단계 분석력 p.220~221 토의하기 • 톰과 헉의 성격적 차이 분석하기	40장~마지막장 읽기 배운 부분 정리하기
12	허클베리핀의 모험 40장~마지막장	• 40~마지막 장에 해당되는 1단계 기억력, 2단계 이해력 작성하기 • 4단계 분석력 p.222 조별 토의하기 • 5단계 평가력 p.229~230 토론하기	솔로몬왕에 대해 조사하기 배운 부분 정리하기
13	평가력 p.223~225	• 불평등과 차별의 문제점과 해결책을 토의한다. • 솔로몬 왕에 관한 조사 발표하기 • 동영상 시청 후 이야기 나누기 (https://www.youtube.com/watch?v=N3J_pYBhCTQ)	배운 부분 정리하기
14	평가력 p.226~228	• 헉과 짐, 헉과 톰의 관계를 통해 '진정한 친구'에 대해 생각하기 • 거짓말의 종류와 필요성에 대해 조별 토의하기	불평등사례 조사하기 배운 부분 정리하기
15	평가력 p.231~233	• 불평등 사례를 조사한 결과를 보드지에 작성한다. p.231~232 질문을 작성하여 발표한다.	배운 부분 정리하기

16	**창조력** p.234~236	• 민주주의의 근간이 되는 자유와 평등의 개념과 정의사회 구현의 의미를 인식한다. • 인종을 초월한 헉과 짐의 우정을 통해 진실한 관계의 중요성을 공감한다. • 노예제도에 관한 동영상 시청 소감 공유하기 (https://www.youtube.com/watch?v=dOKMEbxuxvA)	**배운 부분 정리하기** **독서감상문 쓰기**
17	**창조력** p.237~239	• 헉의 미래에 대해 상상하기 • 도전의식과 탐험정신 인식하기 • 책을 읽은 소감 공유하기	**배운 부분 정리하기**